I0697347

¡prometeo⟩
l i b r o s

Innovación a escala Mercosur

Guillermo Rozenwurcel
Carlos Gianella
Gabriel Bezchinsky
Hernán Thomas

INNOVACIÓN A ESCALA MERCOSUR

Una vía para superar el estancamiento de la integración regional

La publicación de este libro ha sido posible gracias a la ayuda recibida de la Universidad de San Martín, a través del proyecto "Políticas de innovación en el Mercosur ampliado. Barreras, oportunidades y desafíos para la coordinación regional", y del Instituto para la integración de América Latina y el Caribe (INTAL) del Banco Interamericano de Desarrollo.

Índice

Prefacio
Ricardo Carciofi 9

Presentación
Guillermo Rozenwurcel, Carlos Gianella,
Gabriel Bezchinsky y Hernán Thomas 11

Parte 1: Por qué es necesario un enfoque regional
en materia de innovación?

    Capítulo I: Sistema regional de Innovación en el Mercosur.
       ¿Realismo mágico o necesidad real?
       Guillermo Rozenwurcel 19
    Capítulo II: Procesos socio-técnicos de construcción de perfiles
       productivos y capacidades tecnológicas en el Mercosur
       Hernán Thomas y Carlos Gianella 41

Parte 2: La visión desde los países

    Capítulo III: El sistema nacional de innovación en la Argentina
       y los desafíos de la integración regional
       Andrés López 81
    Capítulo IV: O Sistema Brasileiro de Inovação e o Mercosul –
       Dinâmica Interativa, Políticas Públicas e Limitações Estruturais
       André Furtado 125
    Capítulo V: Luces y Sombras de la Política de Innovación en Chile
       Patricio Velasco 145

Parte 3: Mercosur: elementos para una nueva agenda

    Capítulo VI: Regulación, Innovación e Integración en el Mercosur.
       Un modelo para armar a partir de la problemática ambiental

Guillermo Rozenwurcel / Carlos Gianella / Gabriel Bezchinsky / Hernán Thomas

y energética.
Gabriel Bezchinsky 161
Capítulo VII: Cooperación tecnológica, innovación y gestión
ambiental.
Martina Chidiak 179

Anexo: Fuentes analizadas en el capítulo II 193

Prefacio

Ricardo Carciofi
Director Instituto para la Integración
de América Latina y el Caribe (INTAL)
Banco Interamericano de Desarrollo (BID)

Desde su lanzamiento hace más de quince años, el Mercosur fue motivo de atención en distintos planos: el comercio, la construcción institucional, la coordinación macroeconómica, para citar sólo algunos. Los trabajos reunidos en este libro se adentran en una dimensión que ha sido poco explorada en la amplia bibliografía hoy disponible sobre el bloque regional: la cooperación en ciencia, tecnología e innovación. Los autores de los distintos capítulos abordan aspectos de la innovación tecnológica y las actividades de investigación y desarrollo (I+D) en los países del bloque, tales como las políticas de apoyo nacionales, la caracterización de las dinámicas innovativas, temas regulatorios y de gestión ambiental.

Por una parte, el trabajo da cuenta de la importancia de la innovación tecnológica en el desarrollo de los países, y de cómo los derrames entre economías de la región podrían tener impactos positivos sobre los respectivos sistemas nacionales de innovación (SNI). Al tiempo que se realiza esta labor conceptual, varios capítulos incorporan diagnósticos de los procesos de innovación en algunos de los países del Mercosur, lo que enriquece y amplía la comprensión del tema tratado.

Por otra parte, el estudio investiga las posibilidades y también los obstáculos para avanzar hacia un sistema regional de innovación (SRI). En el concepto de los autores, el SRI comporta el intercambio de experiencias y el aprovechamiento de externalidades positivas entre los miembros del bloque, sin que ello implique la creación de estructuras organizacionales adicionales a las que hoy se conocen. Se argumenta que si bien las actividades de ciencia, tecnología e innovación no han alcanzado un desarrollo sistémico en el plano nacional, la cooperación regional podría fortalecer dicho proceso. La base de partida para esta cooperación consiste en apoyar y potenciar procesos ya existentes, tales como la transferencia de tecnología incorporada en bienes y servicios a través de los flujos comerciales intra-regionales, las complementariedades productivas entre empresas instaladas en diferentes países y los proyectos cooperativos de I+D. Las dificultades para viabilizar tal cooperación residen, entre otras cuestiones, en los diferentes estadios de madurez de los SNI de los países del Mercosur. Es ésta una expresión más de las asimetrías que imperan en el bloque y que caracterizan varias de las dimensiones del proceso de integración.

Por la relevancia de la innovación tecnológica y su abordaje en el ámbito regional, el libro resulta de interés para un público amplio. Estudiantes, investigadores y responsables del diseño de políticas públicas encontrarán en este texto un marco conceptual para estudiar los condicionantes de la innovación tecnológica en el Mercosur, como también las evidencias empíricas que sugieren caminos para impulsar la integración en áreas de ciencia, tecnología y desarrollo productivo.

Finalmente, desde el punto de vista institucional, debe destacarse que el BID-INTAL ha tomado contacto con este proyecto de investigación en su última etapa. Los editores del libro y los distintos autores realizaron sus trabajos en el marco del proyecto "Políticas de Innovación en el MERCOSUR ampliado. Barreras, oportunidades y desafíos para la coordinación regional" llevado a cabo por el Área de Economía de la Escuela de Política y Gobierno y la Secretaría de Innovación de la Universidad Nacional de General San Martín (UNSAM). Asimismo, cabe señalar que los contenidos de los trabajos fueron comentados por especialistas, y presentados en un seminario internacional que tuvo lugar en la ciudad de Buenos Aires, en octubre de 2006. El apoyo del Instituto consistió en facilitar los pasos finales para la publicación del material, permitiendo difundir los resultados de una labor que estaba prácticamente concluida y que de otra manera habría circulado por canales más reducidos. Por estas mismas razones, el auspicio del BID-INTAL a la publicación no supone un acuerdo con los enfoques conceptuales, las opiniones o los puntos de vista de los autores.

Julio 2008

Presentación

Guillermo Rozenwurcel
Carlos Gianella
Gabriel Bezchinsky
Hernán Thomas

Desde su conformación, el Mercosur es un proyecto que, para la mayoría de los países que lo componen, presenta más promesas incumplidas que logros concretos.

Las marchas y contramarchas que ha sufrido el proceso, la subordinación de los objetivos de la integración a las necesidades planteadas por las políticas internas de corto plazo, el déficit de desarrollo de una estructura institucional que le diera sustento, las crisis que sufrieron y los procesos de reforma que implementaron los distintos países miembro hasta el presente, las distintas visiones internas sobre el proceso de integración, son algunos de los elementos del contexto en el que se dio el proceso que contribuyen a explicar lo dificultoso que resultó lograr avances significativos, más allá del innegable incremento del comercio intra-regional.

Los países del bloque han ido alterando sus posiciones y estrategias desde la firma de los acuerdos iniciales. Cada uno implementó sus propios planes de desarrollo y de inserción internacional. Por ejemplo Brasil, la principal economía del bloque, se ha posicionado claramente como una potencia emergente, con un protagonismo destacado en distintos foros internacionales, como las Naciones Unidas o la Organización Mundial del Comercio, y ha logrado convertirse en el interlocutor privilegiado de los países desarrollados en la región. Adicionalmente, la dinámica reciente y la diversificación de sus exportaciones, la internacionalización de sus empresas y de sus mercados de capitales, el incremento de sus niveles de competitividad sustentan la impresión generalizada de que en los últimos años se ha ampliado la brecha entre la economía brasileña y el resto de las economías de la región, no sólo en términos cuantitativos, sino fundamentalmente en términos cualitativos.

Uruguay ha realizado avances en la diversificación de sus exportaciones hacia bienes y servicios no tradicionales, como el vino o el software, rubros en los que ha incursionado con resultados modestos aunque interesantes. En particular, desde hace más de una década ha implementado una estrategia de desarrollo forestal con miras a convertirse en un importante productor y exportador de productos derivados de la madera, en particular de pasta de celulosa. Más allá del diferendo actual con la Argentina por la instalación de la planta de la empresa Botnia en Fray Bentos, esa estrategia contempla la instalación en territorio uruguayo de otras cinco o seis plantas de gran envergadura. Al mismo tiempo, ha ido alterando su posición respecto del proceso de integración regional y su dinámica de intercambio bilateral con la Argentina y Brasil

Chile, por su parte, ha profundizado en los últimos años su estrategia de apertura económica a través de la negociación de tratados de libre comercio, como el suscripto con Estados Unidos, y una decidida inserción en acuerdos regionales en Asia-Pacífico. Si bien su matriz exportadora sigue teniendo un fuerte peso en el cobre, su liderazgo en el mercado mundial de salmónidos, su importante desarrollo en sectores como la vitivinicultura y la fruticultura, y sus esfuerzos por lograr la radicación de empresas de servicios muestran algunos logros de un país que ha mantenido, tal vez como ningún otro en la región, una línea constante y sostenida en términos de desarrollo y de inserción internacional.

La Argentina también ha experimentado importantes cambios en este período. Luego de un proceso de reforma estructural que resultó paradigmático en la región por su amplitud, profundidad y celeridad, sufrió una de las peores crisis económicas, sociales y políticas de su historia moderna, y finalmente un proceso de recuperación inédito en la historia económica argentina por las elevadas tasas de crecimiento alcanzadas y por la persistencia de las mismas por un período que superó los cinco años.

Los cuatro países, aunque con diferentes orientaciones y recursos disponibles, mantienen una actividad regular en ciencia, tecnología e innovación, tanto en el sector público como en el privado, y la promueven con políticas públicas específicas.

Paraguay y Bolivia, en cambio, los países económicamente más rezagados de la subregión, por el momento no han conformado la masa crítica necesaria para que los esfuerzos en materia de ciencia, tecnología e innovación sean algo más que iniciativas aisladas y dispersas de escasísimo impacto sistémico.

Las condiciones internacionales también son sustancialmente distintas a las que imperaban a principios de la década del 90, con un alto crecimiento de la economía mundial hasta mediados de 2008, demanda sostenida de materias primas y productos primarios, y términos de intercambio excepcionalmente favorables para los países de la región.

Después de varios años de crecimiento sostenido, se observa actualmente un renovado interés a nivel de las autoridades de los países de la región por darle nuevo impulso al proceso de integración. Si bien por el momento no se han registrado avances significativos, en las intenciones expresadas en el discurso y en algunas acciones encaradas se ha retomado y jerarquizado temas que no habían formado parte central de la agenda hasta el momento, como la problemática energética, la infraestructura y el financiamiento.

Sin embargo, la cooperación en materia de ciencia, tecnología e innovación es un tema que no ha aparecido con la misma intensidad en el discurso oficial del proceso de integración. Cuestión aparentemente paradójica, dado que, en los últimos años, la Argentina, Brasil, Chile y Uruguay, los cuatro países económicamente más avanzados del bloque, han colocado esta temática en un lugar destacado dentro de sus estrategias explícitas o implícitas de desarrollo. En efecto, Brasil y Chile, que incluso estableció un impuesto de afectación específica al financiamiento de la innovación, lograron significativos aumentos en sus *ratios* de I+D con respecto al PIB. La Argentina, a su vez, también está realizando un significativo esfuerzo presupuestario y negoció un nuevo préstamo del BID para apoyar programas de innovación. Además, los cuatro países están jerarquizando a las agencias públicas responsables del tema: en Brasil se creó la Agencia Brasileña para el Desarrollo Industrial, en Chile la Agencia de Innovación para la Competitividad, en la Argentina el Ministerio de Ciencia y Tecnología e Innovación Productiva y, por último, en Uruguay la Agencia Nacional de Investigación e Innovación.

Este libro responde al objetivo de ofrecer una mirada alternativa de la integración regional, a partir del análisis de los procesos de innovación y sus repercusiones más allá de las fronteras nacionales, en la convicción de que una mayor cooperación en materia científico-tecnológica y de innovación productiva en el ámbito del Mercosur es no sólo necesaria, debido a los nuevos desafíos competitivos planteados por la globalización económica, sino también posible, aún en el estado actual del proceso de integración del bloque regional

¿Por qué hablar de Sistema Regional de Innovación en el marco del Mercosur? Obviamente, el bloque está actualmente muy lejos de contar con un sistema innovativo plenamente estructurado a escala regional. Tampoco se trata de impulsar su creación formal mediante el establecimiento de un conjunto de organismos e instituciones de nivel supranacional que seguramente acabaría, como concluyeron tantas otras iniciativas voluntaristas, en una nueva frustración.

De lo que se trata es de emplear el concepto de Sistema Regional de Innovación como una herramienta analítica y no como un postulado normativo. En efecto, nuestra premisa es que la innovación (así como sus relaciones con el proceso de desarrollo) es un fenómeno social acumulativo y situado territorialmente, que debe analizarse inevitablemente como proceso colectivo, geográfica e históricamente determinado. Los elementos de un sistema de innovación —sea a escala local, nacional o regional— pueden reforzarse mutuamente para promover procesos de aprendizaje e innovación, o bien, a la inversa, pueden combinarse bloqueando tales procesos.

Los sistemas de innovación no son, por lo tanto, "entidades realmente existentes". Son formas modélicas ideadas para explicar, por ejemplo, por qué algunos grupos humanos (en este caso, países miembros de una región) generan innovaciones y otros no, por qué algunos despliegan procesos de aprendizaje y otros no, por qué se acumulan capacidades tecnológicas y científicas en diferentes sectores. Explicar, en definitiva, por qué se *dinamizan* o *bloquean* procesos de interacción y cooperación.

Existen diversos análisis de los sistemas nacionales de innovación de los países de la región, pero aún no se ha intentado concebirla región como un todo sistémico. Y la cuestión no es trivial, dado que la dimensión regional es uno de los determinantes críticos que afectan las capacidades de aprendizaje y los procesos de cambio tecnológico e innovación de estos países.

En este sentido, resulta evidente que la actual dinámica innovativa en los países del Mercosur ha mostrado una escasa interactividad intraregional, pobrísimos niveles de institucionalización, así como enormes dificultades para promover iniciativas de cooperación o emprendimientos conjuntos en actividades de producción, investigación y desarrollo. De hecho, la actividad a escala regional del Mercosur parece significativamente menor que la de la mayoría de sus países miembros considerados de manera aislada. Sin embargo, es posible registrar diversos niveles de interacción: flujos comerciales intra-regionales relevantes que incluyen transferencia de tecnología incorporada en diversos de bienes y servicios, complementariedades productivas entre empresas radicadas en diferentes países miembro, proyectos cooperativos de I+D, intercambio de estudiantes e investigadores.

Relevar los flujos y analizar las interacciones existentes y potenciales, así como tratar de responder a las preguntas más arriba planteadas no es sólo un trabajo de valor académico. Al mismo tiempo, y fundamentalmente, constituye un insumo clave para el diseño de estrategias regionales (del Mercosur) y nacionales: ¿es posible impulsar dinámicas innovativas en la región?, ¿dónde están las mayores ventajas, facilidades y complementariedades?, ¿dónde se concentran las mayores capacidades y déficits?, ¿cuáles son los instrumentos de cooperación regional más funcionales?, ¿cuáles son las áreas prioritarias de actuación?

Con esta intención el Área de Economía de la Escuela de Política y Gobierno y la Secretaría de Innovación de la Universidad Nacional de General San Martín (UNSAM) llevaron a cabo el proyecto de investigación *Políticas de Innovación en el Mercosur ampliado. Barreras, oportunidades y desafíos para la coordinación regional.*[1]

En el marco de ese proyecto, el 13 de octubre de 2006 se realizó en Buenos Aires un Seminario Internacional que llevó por título: *¿Es posible un Sistema Regional de Innovación en el Mercosur?* Este libro reúne una serie de trabajos basados en las presentaciones realizadas en dicho Seminario. Los mismos han sido especialmente modificados por los diferentes autores para ser publicados en este volumen.

La primera parte contiene dos capítulos que plantean la necesidad y la posibilidad de un enfoque regional. En el capítulo I, Guillermo Rozenwurcel discute el nexo entre innovación y productividad y plantea la necesidad de abordar el problema de la masa crítica regional en términos de ciencia, tecnología e innovación. En el capítulo II, Hernán Thomas y Carlos Gianella caracterizan y analizan la evolución y la dinámica reciente de los sistemas nacionales de innovación de los países de

---

[1] El proyecto fue seleccionado para recibir financiamiento de la propia Universidad en un concurso interno en el que participaron proyectos de investigación de todas las disciplinas.

la región, y plantean una serie de elementos y recomendaciones para la formulación de políticas.

La segunda parte se centra en la mirada del proceso de integración desde los distintos países. Los capítulos III de Andrés López, IV de André Furtado y V de Patricio Velasco, analizan los casos de la Argentina, Brasil y Chile respectivamente, con énfasis en la evolución de las políticas públicas de apoyo a la innovación.

La tercera parte del libro busca presentar algunos de los elementos de lo que podría ser una "nueva agenda" del Mercosur. En el capítulo VI, Gabriel Bezchinsky analiza los vínculos hasta ahora no suficientemente explorados entre regulación e innovación, y su potencialidad para actuar como "ancla" de nuevos procesos de coordinación regional. Finalmente, en el capítulo VII, Martina Chidiak plantea la relación entre innovación y gestión ambiental en una perspectiva regional, considerando las potencialidades que el tema presenta tanto para el diseño de políticas preventivas como de apoyo a la competitividad.

De esta manera, el libro busca aportar algunos elementos para un debate que creemos necesario y que ya ha comenzado a plantearse con fuerza: ¿qué nuevos temas y qué nuevos enfoques de política son necesarios para replantear un esquema de integración que hasta el momento no dio los resultados esperados? ¿Cuáles son las estrategias de innovación y desarrollo a impulsar en el bloque regional? ¿Qué nuevos actores, hasta ahora ignorados o relegados, deben ingresar a escena y de qué manera pueden contribuir a consolidar el funcionamiento del Mercosur?

Se trata, también, de una apuesta por encontrar nuevos caminos para el proyecto Mercosur, que desde el principio despertó grandes expectativas en nosotros, como en muchos otros que a lo largo de los años han desarrollado y cultivado con los países vecinos de la región profundos lazos de afecto y amistad. No se trata simplemente de una expresión de deseo: tal vez la viabilidad futura de muchos de los países miembro como sociedades desarrolladas y autodeterminadas dependa de los logros del proceso de integración regional.

Parte 1:

¿Por qué es necesario un enfoque regional en materia de innovación?

Capítulo I

Sistema Regional de Innovación
en el Mercosur
¿Realismo mágico o necesidad real?

Guillermo Rozenwurcel[1]
Centro de iDeAS - UNSAM

Introducción

El concepto de Sistema Nacional de Innovación (SNI) reconoce el carácter institucional, sistémico y evolutivo del proceso innovativo que subyace al aumento de la productividad y el crecimiento.

Existen distintas definiciones de lo que se entiende por sistema de innovación. Aquí tomaremos la de Gregersen y Johnson, que lo caracterizan como "un conjunto de actores (firmas, organizaciones, agencias gubernamentales) que interactúan de manera que inciden en el resultado innovativo de la economía como un todo. Este conjunto está afectado por la infraestructura de conocimiento, por el patrón de especialización, por la estructura de la demanda, por la estructura institucional y por las políticas públicas" (Gregersen y Johnson, 1997). Éstos, sin embargo, no son factores explicativos independientes, sino que se influyen mutuamente, de manera que un sistema de innovación que funcione en forma virtuosa requiere de una adecuada co-evolución de los actores y de los distintos

---

[1] El autor agradece los comentarios de Gernot Hutschenreiter (Directorio de Ciencia, Tecnología e Industria, OECD) y del resto de los participantes del seminario.

factores mencionados. Por lo tanto, el análisis de un sistema de innovación involucra tanto el estudio de los actores y de esos factores, de sus características y sus interacciones, como de los mecanismos que facilitan u obstaculizan la necesaria co-evolución de los mismos.

En un proceso de esta naturaleza, la influencia de las instituciones —entendidas como "conjuntos de hábitos comunes, rutinas, prácticas establecidas, reglas o leyes, que regulan las relaciones y la interacción entre individuos, grupos y organizaciones" (Edquist y Johnson, 1997)— sobre la innovación es evidente, ya que las instituciones "afectan la creación, almacenamiento, distribución, uso y destrucción de conocimiento porque modelan las visiones, las interacciones y las decisiones de los agentes económicos; ellas modelan el proceso de creación y selección en relación con el cambio técnico y organizacional" (Gregersen y Johnson, 1997).

Por su parte, el concepto de Sistema Regional de Innovación (SRI) extiende la noción de SNI al ámbito regional (supranacional). En la conformación de un SRI actúan como estímulos, entre otros, los derrames (positivos y negativos) entre economías de una misma región y las economías de escala en investigación y desarrollo (I+D). De la misma manera que ocurre con el SNI, un sistema regional tampoco surgirá espontáneamente a partir de las señales de mercado. Si bien los derrames productivos y las ventajas potenciales de la asociación en I+D abren la posibilidad de su constitución, la efectivización de un SRI requerirá incentivos y mecanismos institucionales que tengan en cuenta las "fallas" de mercado, así como las asimetrías estructurales y regulatorias existentes.

Los países del Mercosur[2] tienen estructuras económicas que, pese a sus diferencias, presentan ventajas competitivas semejantes, en particular en actividades intensivas en recursos naturales y en algunos nichos intensivos en capital humano y mano de obra de cierta calificación. Asimismo, para la mayoría de los mercados mundiales, son economías relativamente pequeñas que pueden ganar participación sin desplazarse mutuamente.

En los gobiernos de los países de la región se aprecia actualmente una mayor conciencia sobre la importancia de las políticas de innovación y el fortalecimiento de sus SNI para el desarrollo económico. Sin embargo, el Mercosur es, en el mejor de los casos, un proceso de integración hasta ahora incompleto, que no ha logrado impactos significativos en

---

[2] Al hablar de Mercosur nos referimos en este artículo a la Argentina, Brasil, Uruguay y Chile como país asociado.

términos de integración productiva, y en cuya agenda la cooperación en I+D está prácticamente ausente.

¿Es posible pensar en el Mercosur como un SRI, dada la desarticulación que caracteriza a los SNI de los países miembro y a los escasos impactos que ha tenido hasta el momento el proceso de integración para el desarrollo de encadenamientos productivos regionales de cierta densidad?

Este trabajo intenta plantear algunos elementos que puedan servir para elaborar una respuesta a ese interrogante.

Innovación, productividad, crecimiento y desarrollo

Desde que Solow introdujo explícitamente el cambio técnico como un factor relevante para explicar el crecimiento del producto, se desarrollaron diversos intentos de explicar los determinantes del incremento de la productividad total de los factores (PTF), que es la que explica una gran porción del crecimiento del producto *per capita*. Diversos estudios empíricos demostraron que las tasas de crecimiento de los factores (capital y trabajo) no explicaban demasiado sobre el crecimiento del producto, lo que dio lugar a distintos esfuerzos por complejizar el análisis del factor "cambio técnico". Se introdujeron explicaciones vinculadas con la estructura y calidad de los factores, con nuevos "factores" (como la educación, la regulación estatal, etc.).

Si bien el desarrollo económico es un proceso complejo que admite múltiples causas, muchas de las cuales aún están en debate en los ámbitos académicos, es ampliamente reconocido que existe una alta correlación entre el gasto en I+D y el aumento de la productividad total de los factores (PTF).

Considerando las últimas dos décadas del siglo pasado, Guinet (2004), señala que los países que exhiben una mayor tasa de crecimiento de la PTF presentan una serie de rasgos comunes, entre los cuales se destaca una alta tasa de inversión en I+D, y en particular una elevada participación del sector privado en su financiamiento.

Es evidente que el incremento de las actividades de I+D, especialmente las del sector privado, se vuelve central para cualquier estrategia de desarrollo, como muestra el siguiente gráfico.

Gráfico 1

Innovación y Productividad

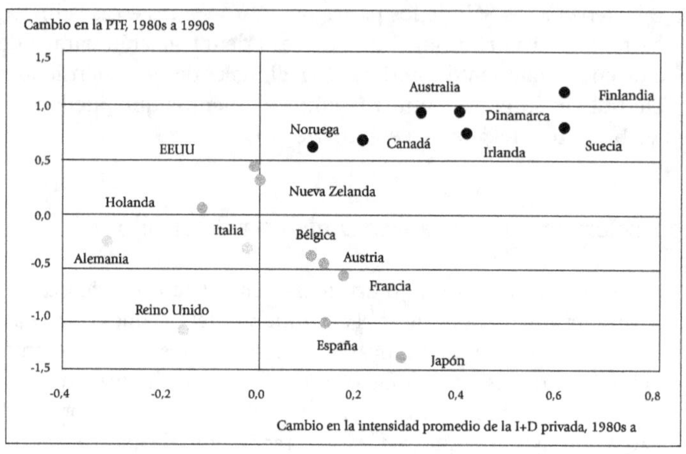

Fuente: Guinet (2004)

Hay otros factores en común entre los países que han mostrado un mayor crecimiento de la PTF, además de la alta inversión en I+D. Como señala Guinet, se trata de países con buenos fundamentos macroeconómicos y economías muy abiertas; tienen una base de innovadores crecientemente diversificada, con un rol importante de las pequeñas y medianas empresas, así como vínculos estrechos entre la investigación científica y la industria, y entre los distintos agentes del sistema de innovación; y finalmente, sus sistemas financieros son proclives a financiar las actividades innovativas. El hecho de que muchos de esos países sean economías pequeñas, pone de manifiesto que el tamaño no es un factor limitativo.

Mercosur: algunos hechos estilizados en perspectiva internacional

Como puede verse en el gráfico siguiente, durante la llamada "década perdida" de los ochenta la PTF de los cuatro países (en términos relativos a EE.UU.) mostró una tendencia decreciente. El deterioro en la Argentina y en Brasil tuvo lugar en ambos periodos (1980-1985 y 1985-1990) y fue más intenso en el primer país. Mientras, Chile y Uruguay se recuperaron en el segundo periodo, pero sin alcanzar los niveles de inicios de la década.

Durante la década del noventa la tendencia de la PTF fue creciente en todos los países salvo en Brasil. La PTF de los cuatro países mostró un aumento en el periodo 1990-1995 seguido por una caída en 1995-2000, la cual, sin embargo, dejó a todos los países en niveles superiores a los de los inicios de la década, a excepción de Brasil quen quedó peor posicionado.

Gráfico 2

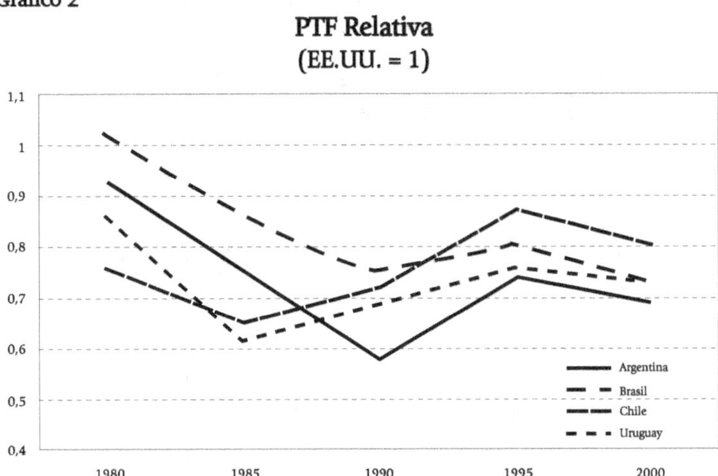

Fuente: Ferreira, P. C., de Abreu Pessôa, S. y Veloso, F. The Evolution of TFP in Latin America, Fundación Getulio Vargas. Septiembre de 2006.

No hay datos que permitan extender esa comparación al período más reciente, aunque existen algunos indicios de que la productividad habría aumentado en Brasil y Chile, mientras que en la Argentina se habría estancado. Si bien, como se mencionó anteriormente, el incremento en la productividad se puede explicar por distintas causas, no deja de ser llamativa la correspondencia entre la evolución reciente de la productividad y del gasto en I+D como porcentaje del PBI. En efecto, mientras que Brasil ha superado ya el 1% de su PBI destinado a I+D, en el caso de Chile alcanza el 0,7%, con importantes crecimientos en los últimos años, y en la Argentina, aun con el gran esfuerzo presupuestario realizado a partir de 2003, no alcanza el 0,5%.

Indicadores recientes de CyT					
	I+D/ PBI	Participación priv. en I+D *	Miles de Investigadores/PEA	I+D por Investigador **	Coefic. de Invención***
EE.UU.	2,58%	69,6%	8,77	215,08	63,99
Canadá	1,91%	55,4%	6,41	162,76	18,98
España	1,10%	54,6%	4,54	109,58	8,70
Brasil	1,00%	38,2%	0,71	206,72	5,67
Chile	0,68%	36,8%	1,16	162,82	3,62
Am. Lat. y el Caribe	0,53%	35,3%	0,63	140,56	2,35
Argentina	0,44%	26,1%	1,63	61,17	1,96
México	0,41%	29,8%	0,67	135,72	0,52
Uruguay	0,22%	49,0%	1,00	55,75	1,00

Fuente: RICyT
*Participación Privada en I+D incluye empresas estatales
**Equivalente Jornada Completa, miles de U$S PPC
***Patentes solicitadas por residentes cada 100.000 habitantes

No obstante, un rasgo común a los tres países es que el grueso del gasto en I+D sigue siendo realizado por el sector público. La reversión de este fenómeno es crucial para posibilitar un proceso de desarrollo sostenido, aunque es importante tener en cuenta que esto tiene que ver tanto con el diseño y la puesta en práctica de los incentivos correctos para lograr que las empresas inviertan más en I+D, como con una cuestión de tipo más estructural, como es la composición y los patrones de comportamiento de las empresas respecto de la innovación. Un aspecto a considerar es el creciente peso que han adquirido las empresas transnacionales en las economías de la región, y la consecuente necesidad de poner en práctica políticas específicas que induzcan a estas empresas a invertir en actividades de I+D y otras de mayor valor agregado local.

Tampoco en otros aspectos de la denominada "economía del conocimiento" la comparación internacional resulta favorable para los países del Mercosur.

El gráfico siguiente muestra la posición de los países del Mercosur, y de Australia y Nueva Zelanda en los cuatro ejes de la economía del conocimiento de acuerdo con la metodología desarrollada por el Instituto del Banco Mundial[3] para su medición y comparación internacional. En términos generales, la posición de los cuatro países dista mucho de la de los países de mayor desarrollo relativo[4]. Se puede ver que el desempeño de la Argentina y de Uruguay en educación es relativamente cercano al de Australia y Nueva Zelanda[5], mientras que Chile presenta valores altos en lo

---

[3] KAM *(Knowledge Assesment Methodology)* es una metodología desarrollada en el marco del Programa K4D *(Knowledge for Development)*, que consiste en una serie de 80 variables estrtucturales y cualitativas, que sirven como *proxies* de los cuatro ejes de la "economía del conocimiento": 1) un sistema económico e institucional que provea los incentivos para un uso eficiente del conocimiento existente y nuevo, y que promueva el espíritu emprendedor; 2) una población educada y capacitada que pueda crear, compartir y usar correctamente el conocimiento; 3) una infraestructura de comunicación dinámica que permita la comunicación, diseminación y procesamiento efectivos de la información; y 4) un sistema de innovación eficiente, compuesto por empresas, universidades, centros tecnológicos, consultores, y otros actores, que pueda utilizar el creciente stock de conocimiento, adaptarlo a las necesidades locales, y generar nueva tecnología. Ver http://info.worldbank.org/etools/kam2005/index.htm

[4] Los valores están normalizados respecto del promedio de todos los países que integran la muestra.

[5] Es importante señalar que se trata de indicadores básicamente cuantitativos, que no dan una idea acabada en términos de calidad de los resultados educativos, donde seguramente la distancia respecto de los países más avanzados es mucho mayor.

que hace al régimen de incentivos. En innovación y en infraestructura de información los cuatro países presentan valores medios, alejados de las mejores prácticas.

A su vez, el gráfico revela que la dificultad para insertarse en la economía del conocimiento no está asociada a la especialización productiva del país. En efecto, economías con estructuras productivas relativamente similares a las del Mercosur, como Australia o Nueva Zelanda, con importantes dotaciones de recursos naturales, muestran indicadores aún más elevados que los del promedio de los países más desarrollados.

Gráfico 3

Posición relativa de Argentina, Brasil, Chile, Uruguay y Australia + N.Zelanda en los 4 ejes de la Economía del Conocimiento.

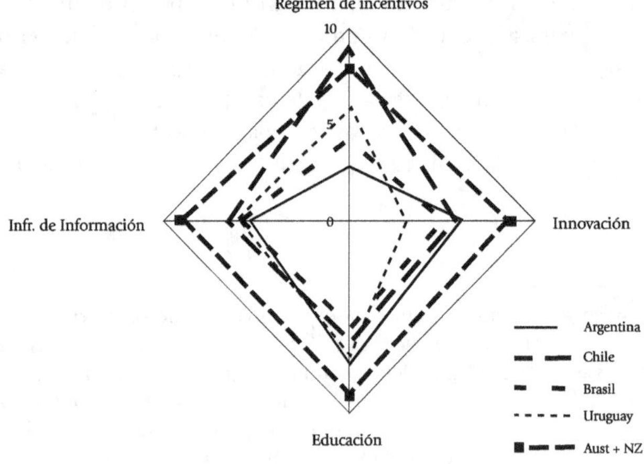

Fuente: Elaboración propia en base a KAM - Banco Mundial

El siguiente gráfico muestra con algo más de detalle la posición de los países del Mercosur en algunas de las variables consideradas, donde se verifica lo anteriormente comentado, en el sentido de que Chile se ubica en una posición relativamente buena en aspectos del régimen de incentivos como barreras al comercio, calidad de la regulación o vigencia de la ley, muy lejos del resto de los países, mientras que la Argentina se destaca en los aspectos vinculados con la educación, como la alfabetización de adultos, la educación secundaria (al igual que Uruguay y Brasil) y la educación terciaria.

Gráfico 4

Posición relativa de Argentina, Brasil, Chile y Uruguay en variables clave de la economía del conocimiento

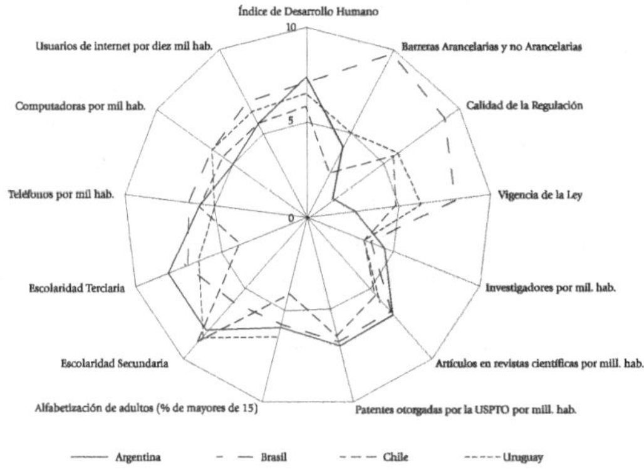

Fuente: Elaboración propia en base a KAM - Banco Mundial

No obstante, la evidencia indica que es necesario también tener una adecuada combinación de esfuerzos en I+D y en educación superior. Como muestra el siguiente gráfico, los países más exitosos son los que realizan esfuerzos en ambas áreas en forma simultánea. Nuevamente, los países del Mercosur se encuentran en una situación de rezago relativo en este terreno.

Gráfico 5

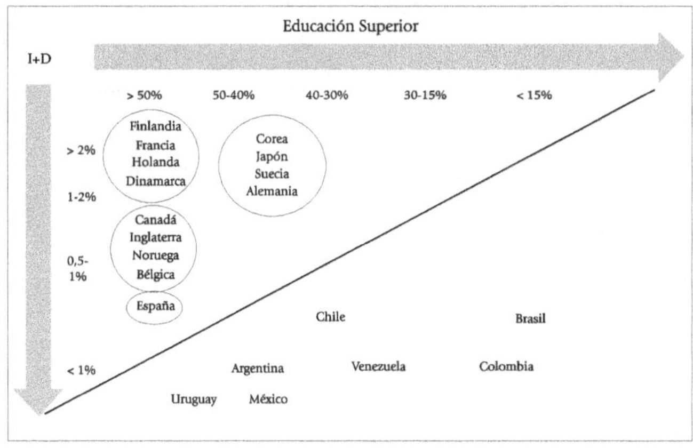

Fuente: Elaboración propia sobre datos de la OECD

Guillermo Rozenwurcel / Carlos Gianella / Gabriel Bezchinsky / Hernán Thomas

Adicionalmente, también se ve que hay en este caso diferencias entre los distintos países. Así, mientras que la Argentina tiene mayores ventajas en educación superior, Brasil y Chile se destacan en los esfuerzos en I+D. Tal vez es Chile el que más se aproxima a la frontera que podría considerarse "mínima" de combinación de esfuerzos.

Finalmente, la situación no sólo es dispar entre los países de la región, sino que ha evolucionado en forma distinta en los últimos años. En efecto, como muestra el siguiente gráfico, mientras que Brasil y Chile han mejorado su posición en lo que hace al índice de la economía del conocimiento desde 1995[6], la Argentina y Uruguay han empeorado, al igual que el conjunto de América Latina. Igualmente, en todos los casos siguen estando lejos de los países desarrollados (G7) y de otros de mayor desarrollo relativo como Finlandia, Australia o Nueva Zelanda.

Gráfico 6

Evolución del Índice de la Economía del Conocimiento

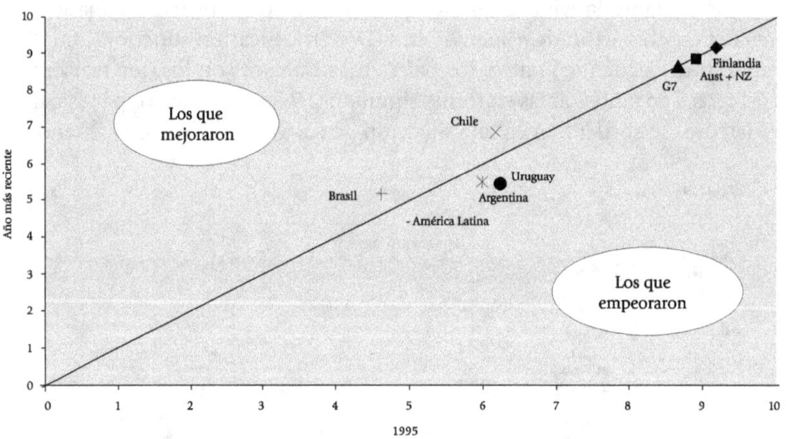

Fuente: Elaboración propia en base a KAM -Banco Mundial

---

[6] El gráfico compara el valor del indicador en 1995 con el valor en la fecha de medición más reciente para cada uno de los países, que en general es 2002 ó 2003.

Si consideramos la estructura productiva de las economías de la región, resulta evidente que la misma no les ha permitido hasta el momento lograr una inserción dinámica en los mercados internacionales. Si se analizan las exportaciones de manufacturas de origen industrial, se observa que las mismas son de bajo contenido tecnológico, como puede apreciarse en el gráfico siguiente.

Gráfico 7

**Contenido Tecnológico de las Exportaciones de MOI
(año 2004)**

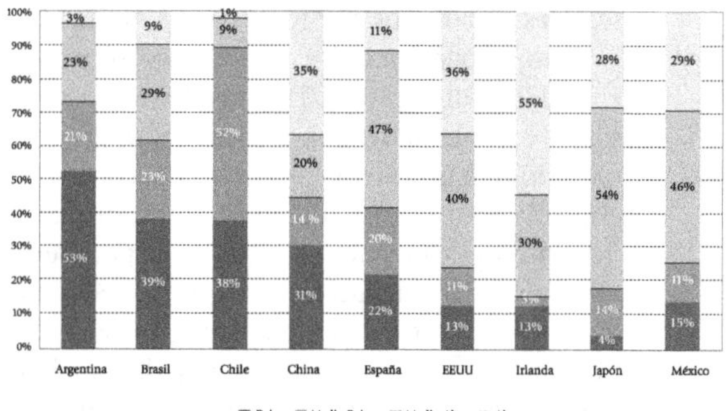

Fuente: DNPyE (SeCyT) en base a información de COMTRADE (UNSD)

Por otra parte, los cuatro países poseen importantes dotaciones de recursos naturales. Durante el período de la industrialización sustitutiva de importaciones (ISI) dicha abundancia de recursos naturales era considerada una "maldición", dado que generaba problemas del tipo *dutch disease*. El fin de la ISI significó el retorno a un patrón de especialización basado en ventajas comparativas estáticas y al predominio de actividades ligadas a la explotación de recursos naturales, que sin embargo no se tradujo en mayores tasas de crecimiento. Por el contrario, produjo un debilitamiento de la capacidad local de generación de conocimiento y ventajas competitivas dinámicas.

Actualmente, el rol de los recursos naturales en el proceso de desarrollo está siendo revalorizado. De hecho, en algunas experiencias exitosas recientes, como las de Finlandia, Nueva Zelanda o Australia, la combinación de recursos naturales, innovación y agresiva búsqueda de nuevos mercados ha puesto en marcha procesos de crecimiento sostenido. Estas experiencias se basan sobre una nueva visión que percibe la especialización determinada no sólo por las dotaciones relativas de los recursos "clásicos" (tierra, trabajo y capital), sino por la disponibilidad de "otros recursos" como el conocimiento técnico, el capital humano, la infraestructura o la calidad institucional, que pueden crearse o mejorarse a partir de iniciativas públicas, privadas y mixtas.

La clave, por tanto, es definir la estrategia adecuada para potenciar la dotación de recursos naturales combinándola con esos "otros recursos", de manera que el Mercosur pueda aprovechar las *ventajas reveladas* en sectores vinculados con los recursos naturales.

Tampoco la dinámica de integración comercial generada a partir de la entrada en vigencia del Tratado de Asunción logró un avance en procesos de complementación y encadenamientos productivos a escala regional, como lo muestra la dinámica del comercio intra-regional en la etapa post-crisis, en la cual si bien se ha producido una notable recuperación del flujo de comercio, se registra un persistente superavit de Brasil con todos los socios del Mercosur (que no se había producido de manera sistemática durante la década del 90), que es un reflejo de la pérdida de participación de las exportaciones de los socios en las importaciones de Brasil y del paralelo incremento de su participación como proveedor de sus socios regionales.

Este persistente superavit se explica por dos causas principales: en primer lugar, porque la composición de las exportaciones de los socios no coincide con los rubros en los que las importaciones de Brasil más han crecido en los últimos años, y en segundo lugar porque la producción de los socios ha perdido competitividad respecto de otros proveedores extra-Mercosur [7]. Ambas causas son igualmente preocupantes y denotan que las asimetrías estructurales entre los socios, lejos de haberse reducido, han tendido a aumentar en particular en los últimos años.

---

[7] Ver INTAL (2007)

Los obstáculos al surgimiento de un SRI

Existen varios obstáculos para el desarrollo de un SRI en el Mercosur. Entre los más significativos, se pueden mencionar la ya señalada debilidad de los encadenamientos productivos a nivel regional, la dificultad de lograr una masa crítica en algunas dimensiones del sistema de ciencia, tecnología e innovación, el hecho de que hasta el momento los esfuerzos sistemáticos de innovación ligados a la I+D están básicamente focalizados en el sector público, con escaso involucramiento del sector privado, y finalmente, el hecho de que la institucionalidad regional (supranacional) es prácticamente inexistente.

El desarrollo y fortalecimiento de encadenamientos productivos es un proceso complejo, que lleva tiempo, y es evidente que la dinámica de la integración comercial no ha sido suficiente para generarlos hasta ahora. Este hecho, sin embargo, no puede llevar a pensar que, si existe la voluntad política de los países de avanzar hacia una integración más profunda en el Mercosur, promover ese tipo de encadenamientos no sea posible. En un contexto de crecimiento económico en la región, con un proceso en marcha de internacionalización de las empresas de los distintos países (en particular de Brasil y de Chile) por vía de la inversión directa, sería posible pensar en un conjunto de incentivos que permitieran maximizar los impactos positivos sobre la integración productiva regional.

Asimismo, la existencia de algunas oportunidades de inserción internacional, como posibles acuerdos con China, India y otros países de Asia Pacífico abren la posibilidad de avanzar en distintos tipos de proyectos, desde infraestructura hasta distintos tipos de proyectos productivos conjuntos para abastecer a esos mercados, pasando por proyectos de I+D, etc. Sin embargo, en ausencia de estrategias explícitas que permitan aprovechar estas oportunidades y generar impactos positivos en la integración productiva regional, es altamente probable que los resultados sean contrarios a ese objetivo.

En lo que hace a la consecución de una masa crítica en los sistemas de ciencia, tecnología e innovación, el siguiente cuadro muestra algunas comparaciones que resultan interesantes.

	Investigadores en I+D (miles, pers. físicas)	Publicaciones de artículos científicos y técnicos	Patentes otorgadas por la USPTO
EE.UU.	1943,0	200.870	94.129
Canadá	107,3	22.626	3.781
Ar+Br+Ch+Uy	94,9 (3°)	11.493 (5°)	229 (5°)
España	92,5	15.570	312
Australia	66,1	14.788	1.093
México	27,6	3.209	102
Nueva Zelanda	10,1	2.903	192

Fuente: KAM (datos correspondientes a 2003-2004)

En efecto, si bien cada uno de los países considerados individualmente se encuentran lejos de países como Canadá, Australia o España en prácticamente todas las variables del sistema de ciencia, tecnología e innovación, considerados en conjunto se comparan relativamente bien con esos países en términos de investigadores, publicaciones o patentes.

Obviamente, el mero agregado de las cifras no hace la masa crítica, pero el ejercicio permite ver que, tal vez con el diseño de los mecanismos institucionales adecuados, los recursos disponibles puedan coordinarse a nivel regional, en un área en la que existen problemas comunes (como por ejemplo, el bajo grado de vinculación de los centros de investigación con las empresas) y también grandes externalidades potenciales de una acción coordinada.

Otra de las limitaciones señaladas es que, en los países de la región, gran parte del esfuerzo de I+D está a cargo del sector público. Esto se explica por dos razones fundamentales. En primer lugar, por el hecho de que existe una cantidad de problemáticas sociales a cuya solución la ciencia y la tecnología pueden contribuir, pero que no son rentables para el sector privado. Esto justifica la necesidad de que el Estado siga destinando recursos a la implementación de proyectos de I+D de interés público.

En segundo lugar, a pesar de que los estados han estado destinando recursos a subsidiar la I+D privada, ésta no ha respondido de la manera que se esperaba. Este hecho, más allá de la insuficiencia de los recursos o de algún problema que pudiera haber en el diseño de los instrumentos, revela una debilidad en los actores empresariales de la región en términos de sus estrategias innovativas. En efecto, algunos rasgos como la creciente presencia de las empresas transnacionales (con una conducta poco proclive a realizar localmente actividades de I+D), o las debilidades estructurales de las PyMEs, son comunes, con algunas diferencias de matices y de grados, a todos los países de la región. La reversión de estos rasgos estructurales no es fácil ni rápida, pero es posible pensar en algunas políticas coordinadas que apunten a fortalecer la base empresarial de la región, como requerimientos específicos hacia las ET en términos de I+D y de cadenas de valor locales y regionales, desarrollo de instrumentos financieros para proyectos de riesgo de PyMEs, promoción de *start-ups* de base tecnológica y de *spin-offs* de base científica, entre otras.

Finalmente, otra de las trabas surge del hecho de que la institucionalidad regional en materia de ciencia y tecnología es muy débil y no tiene las condiciones mínimas para asegurar algún funcionamiento virtuoso.

En 1992 el CMC (Consejo del Mercado Común) del Mercosur creó la Reunión Especializada de Ciencia y Tecnología (RECYT) como instancia de cooperación intergubernamental en esta materia. Los propósitos de ésta son vagos y carece de una estrategia concreta y de financiamiento para iniciativas específicas. Además, demostró tener una capacidad casi nula para implementar las iniciativas formuladas en los sucesivos Programas de Trabajo, las cuales fueron libradas a canales exclusivamente nacionales.

De esta manera, la ausencia de incentivos e instituciones regionales con algún grado de autonomía decisoria en condiciones de articular intereses (económicos y no económicos) con capacidad potencial de acción en el espacio regional determinó que en más de una década prácticamente no haya habido ningún avance significativo en la integración científica y tecnológica.

Algunas lecciones de la Unión Europea

Usaremos el caso de la Unión Europea (UE) como *benchmark* de un proceso de integración en ciencia y tecnología coherente y articulado. Cabe aclarar que no se trata de copiar lo que hace la UE, que constituye un área económica con un desarrollo productivo, comercial, tecnológico e institucional incomparablemente mayor que el del Mercosur, sino de extraer algunas lecciones de esa experiencia que pudieran servir para la región. Allí la política de integración en CyT se apoya en la activa participación de grupos de intereses nacionales y transnacionales, distintas instancias de gobiernos nacionales e instituciones regionales, promovida por la Comisión Europea.

Así se gestaron algunos de los programas regionales más importantes, como el ESPIRIT y el RACE (ambos sobre TICs). El ESPIRIT, lanzado en 1984, nació a partir del apoyo de la CE a doce grandes empresas del sector para lograr la aprobación del programa por parte del Consejo de Ministros de la Comunidad y los respectivos gobiernos nacionales. En sus tres etapas recibió un financiamiento de seis mil millones de dólares, la mitad aportado por la Comunidad y el resto por las empresas.

Algunas de las políticas específicas de la UE en el área de Ciencia, Tecnología e Innovación, cuyo análisis resulta de interés para el Mercosur son los Programas Marco, la *European Research Area* (ERA), y las Plataformas tecnológicas.

Los Programas Marco de Investigación y Desarrollo Tecnológico son el principal instrumento de financiamiento de la I+D en Europa. Comenzaron a implementarse en 1984, cubriendo períodos de cinco años. Actualmente se está implementando el 7° Programa Marco (2007-2013), que tiene un presupuesto de 50.521 millones de euros.

Este programa tiene cinco grandes componentes, que son: Cooperación, Ideas, Personas, Capacidades e Investigación nuclear. El componente Cooperación, que es el principal del programa y que da cuenta de dos tercios del presupuesto total, financia proyectos de consorcios transnacionales entre la industria e instituciones académicas de distintos países europeos y de otros países. Las áreas temáticas incluyen salud; alimentación, agricultura y pesca y biotecnología; tecnologías de la información y la comunicación; nanociencias, nanotecnologías, materiales y nuevas tecnologías de producción; energía; medio ambiente (incluido el cambio climático); transporte (incluida la aeronáutica); ciencias socioeconómicas y humanidades; espacio; y seguridad.

El Componente Ideas financia la investigación en la frontera del conocimiento, con el criterio de la excelencia científica. Abarca cualquier área de la ciencia o la tecnología, incluyendo las ciencias sociales y humanidades, y no tiene como requisito la participación de equipos de distintos países.

El Componente Personas está orientado a promover la movilidad de los investigadores tanto dentro de la Unión Europea como a nivel internacional. Se instrumenta mediante becas y programas de asociación entre la industria y las instituciones académicas.

El programa Capacidades apunta a fortalecer las capacidades de investigación de Europa en áreas como infraestructura, regiones, ciencia y sociedad.

Finalmente, el programa de investigación nuclear y actividades abarca investigación, desarrollo tecnológico, cooperación internacional, difusión de información técnica y actividades de formación en el área nuclear.

Los principales cambios que presenta el 7° Programa Marco respecto de los anteriores pasan por un mayor énfasis en temas de investigación más que en instrumentos, un foco en las necesidades de la industria europea, la integración de la cooperación internacional en los cuatro programas, el impulso al desarrollo de regiones del conocimiento, y el principio de riesgo compartido, con el fin de promover la inversión privada en I+D

En el caso de la ERA, se partió del diagnóstico de que existía una gran cantidad, superposición y falta de coordinación de políticas nacionales de I+D, y de que era necesario mejorar la vinculación de centros de excelencia y creación de centros virtuales, lograr un enfoque común sobre el financiamiento de grandes laboratorios, dar mayor coherencia en la implementación de actividades de I+D nacionales y europeas y mejorar el uso de instrumentos y recursos para fomentar la inversión en I+D.

Asimismo, se buscaba la implementación de un sistema común de referencia para la implementación de políticas, el aumento en la cantidad y la movilidad de los recursos humanos y una mayor movilidad de los investigadores e introducción de la carrera científica europea, a la vez que el estímulo para el acercamiento de los jóvenes a la carrera científica.

Para esto, la Comisión Europea propuso en Enero de 2000 la creación del Área Europea de Investigación (*European Research Area*, ERA), una iniciativa que combina tres conceptos relacionados:

— la creación de un "mercado interno" de investigación, un area de libre movimiento de conocimiento , investigadores y tecnología;
— la reestructuración de la investigación europea, en particular a través de la mejor coordinación de las actividades y políticas de investigación nacionales;
— el desarrollo de una política de investigación europea, que tenga en cuenta no sólo el financiamiento, sino también todos los aspectos relevantes de otras políticas nacionales y europeas.

Desde entonces, se desarrollaron distintas acciones e iniciativas para avanzar hacia el objetivo de la constitución de la ERA. A pesar de los avances realizados, aún existen distintas trabas nacionales e institucionales, que la Comisión abordó a través de la publicación en 2007 del "Green Paper on new perspectives on the ERA", en el que se plantean distintas cuestiones vinculadas con cómo profundizar y ampliar la ERA.

En el caso de las Plataformas tecnológicas, se propuso como objetivo mejorar la competitividad europea en distintas áreas consideradas clave. Para ello, los actores, liderados por la industria, se reúnen y desarrollan una visión compartida de la tecnología, acuerdan una agenda estratégica de investigación de mediano y largo plazo, y a continuación implementan las acciones previstas en dicha agenda.

Los principios que las orientan son: la apertura y la transparencia, el financiamiento proveniente de los instrumentos europeos existentes (Programas Marco, Banco Europeo de Inversiones, Fondos Estructurales), y la dimensión internacional, que implica el involucramiento de actores públicos, privados y de las comunidades científicas de los distintos países.

Las plataformas se agrupan en distintas áreas estratégicas. A título de ejemplo, se mencionan a continuación las áreas estratégicas y las plataformas vigentes en cada una de ellas:

— Nuevas tecnologías que pueden llevar a cambios radicales:
  • The European Hydrogen and Fuel Cell Technology Platform (HFP)
  • ENIAC - European Nanoelectronics Initiative Advisory Council
  • NanoMedicine - Nanotechnologies for Medical Applications

— Reconciliación de diferentes objetivos de política con la visión del desarrollo sustentable:
  • Plants for the Future
  • Water Supply and Sanitation Technology Platform (WSSTP)
  • The European Technology Platform on Photovoltaics
  • Technology Platform on Sustainable Chemistry
  • European Technology Platform for Global Animal Health (GAH)
  • ERTRAC European Road Transport Research Advisory Council
  • ERRAC European Rail Research Advisory Council
  • WATERBORNE Technology Platform
  • Forest Based Sector Technology Platform
  • EuMaT - European Technology Platform for Advanced Engineering Materials and Technologies

- The European Technology Platform on Industrial Safety
- Food European Technology Platform "Food for Life"

— Bienes o servicios públicos basados en nuevas tecnologías con altas barreras a la entrada, rentabilidad incierta, pero con alto potencial económico y social:
  - The Mobile and Wireless Communications Technology Platform (eMobility)
  - Innovative Medicines for Europe
  - Integral Satcom Initiative (ISI)

— Desarrollo de innovaciones tecnológicas esenciales para sostener la competitividad de sectores estratégicos para Europa:
  - Embedded Systems (ARTEMIS)
  - ACARE - Advisory Council for Aeronautics Research in Europe
  - The European Space Technology Platform (ESTP)
  - The NEM Initiative - European Initiative on NETWORKED and ELECTRONIC MEDIA
  - Networked European Software and Services Initiative (NESSI)
  - EUROP, the European Robotics Platform
  - Photonics21 - The Photonics Technology Platform

— Nuevas tecnologías aplicadas a sectores industriales tradicionales:
  - ESTEP - The European Steel Technology Platform
  - The European Technology Platform for the Future of Textiles and Clothing (ETP-FTC)
  - MANUFUTURE - Platform on Future Manufacturing Technologies
  - The European Construction Technology Platform (ECTP)

Como se mencionó anteriormente, el grado de desarrollo, la densidad institucional, el involucramiento de los distintos actores y el compromiso político con el proceso de integración (y por ende, los recursos involucrados) no son comparables entre la Unión Europea y el Mercosur. Sin embargo, algunas características de la experiencia europea pueden tenerse en cuenta respecto del tipo y la orientación de los esfuerzos que podrían y deberían realizarse en el Mercosur.

Continuidad: La política europea de Ciencia, tecnología e innovación está centrada basada en Programas Marco plurianuales desde 1984.

Red Institucional: Cuenta con un amplio soporte institucional a través de una serie de organizaciones intergubernamentales de cooperación en CyT como la Fundación Europea de la Ciencia, la Agencia Espacial Europea, la Cooperación Europea en CyT, o el Programa Eureka.

Financiamiento: El Banco Europeo de Inversiones otorga financiamiento y capital de riesgo para proyectos tecnológicos. A su vez, existen fondos específicos para estimular la innovación científica y tecnológica en áreas menos desarrolladas.

Mecanismos de consulta con el sistema científico: Se utilizan muy frecuentemente para la toma de decisiones y para el diseño de los sucesivos programas e instrumentos de política.

Aprendizaje Institucional y de Políticas: Se realiza una evaluación sistemática de resultados de los distintos programas implementados, y las conclusiones se vuelcan en el diseño de los nuevos programas. De esta manera, las instituciones y la política co-evolucionan junto con la realidad sobre la que buscan operar.

A modo de conclusión

En este trabajo se presentaron y desarrollaron algunos elementos que permiten responder a la pregunta planteada al inicio: Es posible pensar en el Mercosur como un SRI?

La respuesta es a la vez no y sí. No, porque no existe un tejido empresarial de encadenamientos productivos a escala regional, ni una base institucional de soporte, y el intercambio comercial generado en los últimos años no ha sido suficiente para generar una dinámica sustentable de integración.

Sí, porque las empresas brasileñas y las chilenas se están internacionalizando, así como algunas (pocas) argentinas, hay temas que exceden a la integración comercial que son propicios para un enfoque tipo SRI (medio ambiente, recursos naturales), hay iniciativas que, por razones de escala, deben encararse en forma conjunta (infraestructura, energía, I+D en ciertas áreas –nano-), hay oportunidades que, bien aprovechadas, pueden servir para dar impulso a la integración, como un eventual acuerdo con Asia Pacífico.

Existe cierta masa crítica en algunas áreas de investigación que, con los mecanismos institucionales y los incentivos adecuados, podrían dar lugar a procesos virtuosos de generación y difusión de conocimientos a escala regional. Por otra parte, crecientemente el proceso de generación de conocimientos está adquiriendo un carácter transnacional, y esta masa crítica puede ser importante para que los países del Mercosur se vinculen provechosamente con redes globales de conocimiento.

Las experiencias de la Unión Europea pueden ser ilustrativas sobre cómo avanzar en este terreno.

Referencias

Anlló, G. y Peirano, F., "Una mirada a los sistemas nacionales de innovación en el Mercosur: análisis y reflexiones a partir de los casos de la Argentina y Uruguay", Serie Estudios y Perspectivas N° 22, Oficina de CEPAL en Buenos Aires, 2005.

Edquist, Ch., y Johnson B., (1997): "Institutions and Organizations in Systems of Innovation", en Edquist, Charles (ed.) (1997). *Systems of Innovation: technologies, institutions and organizations*. Pinter. Londres.

Guinet, J., 2004 "The Rise of an Innovation-led Growth Model", presentation at the WB Workshop on "Innovation in Uruguay", Montevideo, Abril.

Gregersen, B. y Johnson, B., 1997 "How do Innovations affect Economic Growth? Some Different Approaches in Economics", Targeted Socio Economic Research Program (TSER), Comunidad Europea.

INTAL (2007), "Informe Mercosur 2006-2007", BID-INTAL, Buenos Aires.

Lederman, D. y Maloney, W., 2003 "R&D and Development", Office of the Chief Economist, World Bank, Washington.

Capítulo II

Procesos socio-técnicos de construcción de perfiles productivos y capacidades tecnológicas en el Mercosur

Dr. Hernán Thomas
IEC-UNQ
CONICET
Ing. Carlos Gianella [1]
UNSAM

Introducción: ¿Cómo analizar las dinámicas de innovación y cambio tecnológico en el Mercosur?

No toda dinámica de cambio tecnológico conduce al desarrollo económico y social. No toda inversión en investigación y desarrollo contribuye a la resolución de problemas sociales y ambientales. No todo *upgrading* tecno-productivo implica la generación de mayor capacidad competitiva. No toda política de Ciencia, Tecnología e Innovación genera dinámicas innovativas locales.

Para comprender las dinámicas de innovación y cambio tecnológico en el Mercosur es conveniente adoptar una perspectiva analítica que contextualice e integre estas actividades, tomando en cuenta su dimensión, alcance, viabilidad y racionalidad.

---

[1] Los autores agradecen los comentarios de Leonardo Stanley (CEDES) y del resto de los asistentes al seminario.

De no realizar esta operación, se corre el riesgo de considerar estas actividades como meras acumulaciones de instrumentos de promoción, simples enumeraciones de dispositivos socio-institucionales, mecánicas cuantificaciones de recursos (humanos, materiales, financieros) puestos en circulación.

El concepto "sistema nacional de innovación" (SNI) fue generado precisamente para dar cuenta de esas relaciones explicativas causales que exceden el rango de acciones intra-muros, intra-institucionales. En particular, si la intención del análisis es superar el nivel descriptivo para internarse en la comprensión de las causalidades, en la exploración de las relaciones explicativas.

Obviamente, semejante ejercicio, realizado con medios y espacio acotados, implica riesgos de simplificación y estilización forzada de hechos complejos, diferenciados, específicos[2]. Pero, al mismo tiempo, permite accionar una visión de conjunto sobre masas de información, posibilita observar qué es lo que hay de común en lo diverso, o, en otros términos, apunta a superar la dimensión de los árboles para comprender el funcionamiento del bosque.

Abordaje teórico-conceptual

Una serie acotada de conceptos ha sido seleccionada para la realización de este ejercicio. En primera instancia, dentro de la diversidad de conceptualizaciones de sistemas nacionales de innovación (Nelson, Freeman, Niosi et al, Barré, etc.) se optó por la propuesta de Bengt Åke Lundvall. Complementariamente, se utilizaron los conceptos "dinámica y trayectoria socio-técnica" y "estilos socio-técnicos".

Obviamente, ha resultado ineludible acudir a otros conceptos: diversos tipos de aprendizajes, trayectorias socio-institucionales, dinámicas sectoriales, relaciones usuario-productor, redes tecno-económicas (convergencia y alineación). Pero, dado el espacio limitado, es conveniente restringir la enunciación del abordaje teórico-analítico a aquellos conceptos que constituyen la estructura básica del ejercicio.

---

[2] Precisamente, por la restricción de recursos, el presente estudio se restringe al análisis de las dinámicas de innovación y cambio tecnológico de Brasil, Uruguay y la Argentina.

a) *Sistemas nacionales de innovación*

A diferencia de otras conceptualizaciones sobre sistemas nacionales de innovación, el abordaje de Lundvall no se centra simplemente en la operatoria de redes institucionales, sino en la consideración de la sociedad como un actor colectivo en el proceso de innovación (lo que él denomina *Schumpeter Mark III*), que despliega constantes, diversas y complejas acciones de aprendizaje:

> "Asumimos que el aprendizaje tiene lugar en conexión con actividades rutinarias de producción, distribución y consumo y produce importantes *inputs* para el proceso de innovación. La experiencia cotidiana de los trabajadores, ingenieros de producción, y representantes de ventas influencian la agenda determinando la dirección de los esfuerzos de innovación. Estas actividades producen conocimientos e ideas, conformando *inputs* cruciales para el proceso de innovación [...] Tales actividades incluyen *learning-by-doing* (Arrow, 1962), *learning-by-using* (Rosenberg, 1982) y *learning-by-interacting* (Lundvall, 1988)" (Lundvall, 1992:9)

Adoptar la perspectiva de SNI planteada por Lundvall, centrada en los procesos de *learning*, supone ventajas sustanciales al utilizar el concepto como instrumento analítico para observar dinámicas de innovación en países periféricos. Frente a alternativas centradas en innovaciones radicales, los SNI periféricos se caracterizan por procesos de aprendizaje incrementales, basados en innovaciones menores. La conceptualización de Lundvall propone claramente el carácter interactivo del proceso de innovación y subraya la posibilidad de realizar estudios en diferentes niveles de agregación para estudiar el fenómeno.

> "La inter-dependencia entre producción e innovación legitima tomar el sistema nacional de producción como punto de partida para definir al sistema nacional de innovación. Pero la división del trabajo en el sistema de innovación no es simplemente un reflejo de la división del trabajo en el sistema de [producción]. Algunas partes del sistema de producción serán más productivas en términos de innovación que otras." (Lundvall, 1988:362)

A diferencia de otros abordajes, donde el SNI aparece como resultado final de la agregación de la actividad innovativa sectorial, en la conceptualización de Lundvall el Sistema Nacional de Producción es tomado como punto de partida del análisis. Esta forma de abordaje implica una opción metodológica fundamental. El SNI es irreductible a sus elementos componentes. Lo importante en el SNI no es tanto la característica individual de cada componente, sino las relaciones y el tipo y grado de integración entre los mismos. Una cosa es plantear que es adecuado realizar análisis de diferentes niveles de agregación para el estudio de un SNI y otra diferente —e indeseable— es plantear que el SNI, en tanto sistema, es reductible a esos niveles.

Así, el análisis de un SNI no debe restringirse a la perspectiva usuario-productor que reduce, en definitiva, el abordaje a la dimensión de los actores tecnológicos más directamente implicados con la producción de artefactos y servicios. Si bien, desde una perspectiva estrictamente "económica" esto puede parecer adecuado, resulta excesivamente restrictivo para la realización de análisis que tengan por objeto identificar dinámicas de innovación que incluyan aspectos políticos y socio-técnicos.

> "El sistema nacional de innovación tiene dos estructuras básicas: la de producción y la institucional, que integran un todo sistémico y establecen las condiciones para el proceso de innovación. El citado sistema determina las dimensiones del sistema socioeconómico que afectan las capacidades de aprendizaje y los procesos de innovación. También determina sus economías de comunicación, su mezcla de racionalidades dominantes, sus preferencias respecto al uso del tiempo, su tendencia a tratar a las personas en forma específica o universal, por mencionar algunas de las dimensiones más importantes." (Johnson y Lundvall, 1994:704)

Este aspecto de la conceptualización de Lundvall es central para explicar el alcance del concepto SNI. Al considerar a la innovación como fenómeno socio-histórico resulta inevitable considerar a la actividad de los actores tecnológicos en su naturaleza histórico-social. La elección del alcance nacional no implica que se entienda a la actividad innovativa global o regional como el resultado de la sumatoria de las dinámicas nacionales. Lo nacional se configura como una topología (espacial y entre actores) en la cual las acciones innovativas adquieren un sentido determinado, situado. Una cuestión es analizar el fenómeno de la innovación en abstracto, en modelizaciones estilizadas, y otra es intentar comprender qué sucedió en un escenario social determinado. En esta segunda dirección, el abordaje de Lundvall resulta especialmente adecuado.

> "... es obvio que el sistema nacional de innovación es un sistema social. Una actividad central en el sistema de innovación es aprendizaje, y aprendizaje es una actividad social, esto implica interacciones entre personas. Es también un sistema dinámico, caracterizado por retroalimentación positiva y reproducción. Frecuentemente, los elementos del sistema de innovación o se refuerzan mutuamente en promover procesos de aprendizaje e innovación, o, a la inversa, se combinan en constelaciones bloqueando tal proceso. Causación acumulativa y círculos virtuosos y viciosos son característicos de los sistemas y subsistemas de innovación. Otro importante aspecto del sistema de innovación se relaciona con la reproducción de conocimientos de individuos o agentes colectivos (a través del recuerdo)" (Lundvall, 1992:2)

El concepto SNI es una herramienta analítica (no un postulado normativo). Esto implica que el resultado de su aplicación es una (re)construcción racional. No se trata, por lo tanto, de la descripción de una entidad de existencia evidente, diferenciada a ojos vista, de existencia autónoma. Los SNI no son "entes", o "aparatos" reales. Son formas modélicas ideadas para explicar por qué algunos grupos humanos (en este caso, sociedades nacionales) generan innovaciones y otros no.

Con todo lo que el concepto SNI tiene de problemático, no ha sido elaborado por el momento otro que posea una capacidad de contener interjuegos de niveles de análisis (económicos, sociológicos, políticos, históricos, etc.) equivalente. Aún su propia ambigüedad e indeterminación pueden aportar, paradójicamente, cierta riqueza al análisis. El concepto aporta la posibilidad de realizar análisis desde una perspectiva más amplia que la generada a partir de visiones estrictamente microeconómicas, sin que por ello éstas deban ser dejadas de lado. Por el contrario, más allá de las dificultades teóricas que esto implica, el concepto denota la posibilidad —y la necesidad— de pensar el cambio tecnológico en marcos mayores que la actividad "intramuros" de las empresas.

La conceptualización en términos de SNI posibilita orientar el análisis de un modo tal que el resto de los instrumentos analíticos puedan ser contenidos en una estructura marco. En este esqueleto, a su vez, es posible articular instrumentos orientados a revelar las relaciones tecno-económicas y socio-técnicas. Es en este sentido que el concepto SNI resulta particularmente valioso, tanto por su capacidad para albergar conceptos más puntuales, como por permitir la integración de fenómenos de "diferente naturaleza" (sociales, políticos, económicos, ideológicos, etc.).

b) Dinámicas y trayectorias socio-técnicas

Una *dinámica socio-técnica* es un conjunto de patrones de interacción de tecnologías, instituciones, políticas, racionalidades y formas de constitución ideológica de los actores. Este concepto sistémico sincrónico permite insertar una forma determinada de cambio socio-técnico (una serie de artefactos, una trayectoria socio-técnica, una forma de relaciones problema-solución, por ejemplo) en un mapa de interacciones.

Una dinámica socio-técnica incluye un conjunto de relaciones tecno-económicas y socio-políticas vinculadas al cambio tecnológico, en el nivel de análisis de un "ensamble socio-técnico" (Wiebe Bijker, 1995), un gran sistema tecnológico (Thomas Hughes), una red tecno-económica (Michel Callon) o, como en este caso, un sistema nacional de innovación (Bengt-Åke Lundvall).

El concepto permite *mapear* descriptivamente una diversidad de interacciones heterogéneas, y vincularlas en relaciones causales de naturaleza explicativa. Estas dinámicas, estos patrones de interacciones, cambian en el tiempo, en el mismo sentido en que se plantean cambios en modelos de acumulación o se alteran las lógicas de sistemas socio-políticos. Se trata de un concepto modular: en la práctica, es posible operacionalizarlo en diferentes escalas y niveles de alcance (*scope*): es posible mapear dinámicas socio-técnicas globales, regionales, nacionales, sectoriales, disciplinarias, entre otras alternativas de recorte topológico.

Una *trayectoria socio-técnica* es un proceso de co-construcción, sea de productos, de procesos productivos, organizacionales e instituciones, de relaciones usuario-productor[3], de procesos de *learning*, de relaciones problema-solución, de procesos de construcción de "funcionamiento" de una tecnología, de racionalidades, políticas y estrategias de un actor (firma, institución de I+D, universidades, etc.), o, asimismo, de un *technological frame* (Wiebe Bijker, 1995) determinado (tecnología nuclear, siderurgia, etc.), o de una *sociotechnical constituency* (Alfonso Molina, 1989).

Tomando como punto de partida un elemento socio-técnico en particular, por ejemplo una tecnología (artefacto, proceso, organización determinada), una firma, un grupo de I+D, este concepto —de naturaleza eminentemente diacrónica— permite ordenar relaciones causales entre elementos heterogéneos en secuencias temporales.

---

[3] El análisis de relaciones usuario-productor y learning by interacting (Von Hippel, 1976; Lundvall, 1985; 1988) es compatible con herramientas generadas por la sociología de la tecnología de raíz constructivista (Bijker, 1995).

Este concepto es también de operacionalización modular: es posible tomar como unidad de análisis desde una unidad discreta (un artefacto singular —tecnológico, jurídico—, un sistema organizacional, una red, una empresa) hasta unidades complejas (sistemas tecnológicos, ciudades, gobiernos, sectores tecno-productivos, países) y reconstruir su proceso co-evolutivo en el tiempo y el espacio. Por ello, resulta particularmente apropiado para describir y analizar procesos denominados (desde una perspectiva determinista tecnológica) como difusión, adaptación y transferencia.

Dinámicas y trayectorias son unidades de análisis complementarias, pero no equivalentes. Las dinámicas socio-técnicas son más abarcativas que las trayectorias: toda trayectoria socio-técnica se desenvuelve en el seno de una o diversas dinámicas socio-técnicas y resulta incomprensible fuera de ellas.

Es conveniente realizar una distinción entre trayectoria de cambio tecnológico y trayectoria innovativa. En tanto la primera refiere a una diversidad de acciones: importación de equipos y sistemas, transferencia de diseños y conocimientos, actividades de I+D formales e informales, incorporación de recursos humanos con *skills* particulares, y actividades de innovación, la segunda remite, en particular, a acciones de generación de nuevas tecnologías de producto, proceso u organización. En otros términos, la dinámica innovativa constituye un aspecto de la dinámica de cambio tecnológico. Así, es posible que en determinadas situaciones se registren cambios tecnológicos (en empresas, sectores o países) en ausencia de procesos innovativos locales. Para el análisis de trayectorias socio-técnicas en países subdesarrollados o de desarrollo intermedio, esta distinción constituye una operación clave, dada la dominancia de la importación de tecnologías en sus dinámicas de cambio tecnológico.

Las dinámicas y trayectorias socio-técnicas no son entidades de existencia real. No son percepciones en el plano del actor, sino *constructos* desarrollados por el analista. Metáforas —como los grandes sistemas tecnológicos de T. Hughes o los sistemas nacionales de innovación de Lundvall— útiles para reconstruir procesos, articulando causalmente formas de interacción complejas entre elementos heterogéneos.

Dado que tanto las dinámicas como las trayectorias socio-técnicas pueden responder, así, a diferentes criterios de recorte topológico (fronteras nacionales, territorio de "difusión" de una tecnología, región socio-económica), el alcance de estos conceptos no es definible *a priori*, sino en cada ejercicio analítico, de acuerdo con los criterios de recorte teórico-metodológicos de cada analista. Y, aún, más allá de los criterios de recorte, trayectorias y sistemas pueden alcanzar –como las redes tecno-económicas callonianas- la extensión diacrónica y sincrónica que determine la evolución del propio ejercicio analítico. Esta característica permite la compatibilidad de estos conceptos con diferentes abordajes teóricos: sistemas tecnológicos, actor-red, constructivista, neoschumpeteriano.

Trayectorias y dinámicas son procesos, en algunos casos, direccionados parcialmente por la intención de una pluralidad de actores (gobiernos, empresas, instituciones, tecnólogos o científicos). Pero, a diferencia de los "grandes sistemas tecnológicos" de Hughes, no responden simplemente a la lógica de organización de un "constructor de sistemas", de alguien o algo con la capacidad de incorporar en el sistema elementos del entorno, ni se configuran y estabilizan simplemente por la agencia de un actante con capacidad de traducir los intereses de intermediarios. Aunque de hecho es posible identificar en dinámicas y trayectorias socio-técnicas algunos elementos que desempeñan —o tienen la "intención" de desempeñar ese papel en la práctica estos procesos son auto-organizados. Una de las funciones centrales del análisis consiste, precisamente, en abrir la "caja negra" de esos procesos de auto-organización.

3) Los sistemas nacionales de innovación de Brasil, Uruguay y la Argentina

Es posible identificar la presencia de múltiples elementos, interjuegos y características constantes en los SNIs de Brasil, Uruguay y la Argentina. Si bien es lógico registrar, como ya lo ha hecho el proyecto UNIND-LAM en documentos anteriores, una diversidad de elementos y situaciones que diferencian los SNIs de estos países del Mercosur, las alteraciones se presentan —observadas a la distancia— como variaciones de grado de elementos estables, antes que como diferenciaciones estructurales. En particular, si se consideran las diferencias de estos SNIs —de desarrollo intermedio— respecto de otros ejemplos arquetípicos, correspondientes tanto a países desarrollados, de industrialización reciente, o sub-desarrollados.

En otros términos, más allá de las marcadas diferencias cuantitativas —medidas en términos absolutos— de superficie, población, producto, exportaciones, recursos destinados a I+D, etc., es posible identificar isomorfismos significativos, tanto al realizar mediciones en términos relativos (por ejemplo, *per capita* o por unidad de recurso disponibilizado) como al observar aspectos marcadamente cualitativos de la dinámica innovativa o del desarrollo de estilos socio-técnicos locales.

Analizar la dinámica socio-técnica de estos SNIs locales desde la continuidad de algunos de sus interjuegos constitutivos, permite observar algunos de estos elementos comunes, y su vinculación causal con las trayectorias socio-técnicas efectivamente desplegadas. A continuación se describen y analizan brevemente algunas de las principales relaciones e interjuegos.

Caracterización cualitativa de los SNIs del Mercosur

Los sistemas nacionales de innovación de Brasil, Uruguay y la Argentina aparecen como sistemas dominantemente auto-organizados. Su dinámica socio-técnica se caracteriza por:

- La dominancia de un estilo socio-técnico de innovación basado en la realización de innovaciones menores (adaptación, resignificación de tecnologías y copia), sin aparición de innovaciones mayores ni nuevos patrones tecnológicos.
- Complementariamente, es posible registrar —en una proporción significativamente menor— la aparición relativamente reciente de otro estilo socio-técnico de innovación basado en operaciones formales de I+D intra-planta o realizadas en unidades públicas de I+D.
- La dominancia de un estilo socio-técnicos de cambio tecnológico basado en el seguimiento de patrones tecnológicos exo-generados y el alineamiento en *technological frames* fronteras afuera.
- La combinación de estos estilos socio-técnico de innovación y cambio tecnológico viabilizó un comportamiento, en última instancia, anti-innovativo, al posibilitar el desarrollo de trayectorias innovativas de bajo riesgo, alto pragmatismo y escasa definición estratégica, y obviando interacciones con instituciones locales de I+D, creación de unidades de I+D intra-planta, inversiones de riesgo tecnológico e innovaciones mayores.
- El bajo nivel de sinergismo del sistema.
- El bajo nivel de las interacciones inter-institucionales.
- La aparición de interjuegos de auto-organización negativa entre la dinámica innovativa y los sucesivos regímenes sociales de acumulación y las trayectorias de cambio tecnológico de las firmas.
- La escasa participación de las unidades públicas de I+D en la dinámica innovativa de las empresas productoras de bienes y servicios.
- La escasa permeabilidad de los actores tecnológicos locales (empresarios, científicos, tecnólogos, y aún, directivos institucionales) a las diferentes políticas científicas y tecnológicas implementadas.

- El predominio de la transducción (emuladora y, en última instancia, auto-organizada) sobre la creatividad (organizadora), tanto en el plano de las iniciativas de política como en el de la actividad innovativa de los actores tecnológicos.

Como es posible observar, una significativa convergencia de rasgos comunes, imagen que se refuerza aún más si se consideran aspectos dinámicos del comportamiento de los tres SNIs.

a) La dinámica innovativa de los SNIs de Brasil, Uruguay y la Argentina:
Colocar las principales dinámicas y tendencias de los SNIs de Brasil, Uruguay y la Argentina en un único cuadro permite obtener una visión de conjunto y detectar, al mismo tiempo, algunas de las variaciones de grado más relevantes.

Características	Brasil	Uruguay	Argentina
Origen de los patrones tecnológicos:	exo-generado (> coordinación progresiva)	exo-generado (> coordinación progresiva)	exo-generado (> coordinación progresiva)
Estilo tecnológico de innovación dominante:	operaciones intraplanta I+D formal en institutos y empresas públicas (en aumento)	operaciones intraplanta (restringidas) I+D formal en instituciones públicas (en leve aumento)	operaciones intraplanta (cuantitativas) (en aumento) I+D en instituciones públicas casos de I+D formal en empresas (en leve aumento)
Grado de incidencia de la innovación local sobre la dinámica de cambio tecnológico:	baja (en leve aumento, según sectores)	baja (estable)	baja (estable, con excepciones)
Dinámica de la trayectoria:	leve *upgrading* (estable)	(constante) salvo casos puntuales	leve *upgrading* (estable)

Características	Brasil	Uruguay	Argentina
Nivel de formalización de las actividades innovativas:	bajo (en aumento)	bajo (estable)	bajo (estable) con casos excepcionales
Nivel de interacción de las unidades de I+D con las productivas:	bajo (en aumento)	muy bajo (estable)	muy bajo (estable)
Potencial de innovación:	bajo (en aumento)	bajo (en leve aumento)	bajo (en leve aumento)
Nivel de complejidad de las operaciones tecnológicas realizadas:	baja a media (en aumento)	baja (en aumento)	baja a media (en aumento)
Velocidad del cambio tecno-productivo derivado:	baja (en aumento) con excepciones	baja (en aumento)	baja (en aumento)
Nivel de sinergismo del sistema:	bajo (en aumento)	muy bajo (en leve aumento)	bajo (estable)
Nivel de interacciones usuario-productor:	medio-bajo (en aumento)	bajo (estable) con excepciones	bajo (en aumento, según sectores)
Nivel de interacciones inter-empresariales:	bajo (en aumento, estructuración de redes de proveedores)	bajo (estructuración en redes cortas)	bajo (proceso de reestructuración de redes)
Nivel de interacciones universidad-sector productivo:	bajo (en leve aumento)	bajo (en leve aumento)	bajo (en leve aumento)
Grado de absorción de graduados universitarios:	medio-bajo (en leve aumento)	medio- bajo (en leve aumento)	medio-bajo (en leve aumento

Características	Brasil	Uruguay	Argentina
Grado de absorción de posgraduados universitarios	bajo (en leve aumento)	bajo (en leve aumento)	bajo (en leve aumento)
Nivel de apropiabilidad de las innovaciones	bajo (estable)	muy bajo (estable)	muy bajo (estable)
Grado de cohesión del SIN	bajo (en leve aumento)	muy bajo (en leve aumento)	muy bajo (en leve aumento)
Sustentabilidad (aparente) de una dinámica de *upgrading*	media	baja	baja

Como es posible observar, si bien la situación de Brasil en términos cuantitativos se presenta, normalmente, con marcadas diferencias de escala, el análisis cualitativo de la dinámica de los tres SNIs presenta un panorama más moderado. Si bien es posible detectar algunas ventajas relativas, y, en particular, algunas tendencias más positivas en el caso de Brasil, vistos en perspectiva los tres SNIs presentan mayores similitudes que diferencias, en una dinámica general marcada por el bajo nivel de sinergismos.

b) Baja intensidad de la dinámica innovativa

Evidentemente, la primera característica constante de los tres SNIs es la baja intensidad de su dinámica innovativa: bajo grado de cohesión del sistema; bajo nivel de interacciones inter-institucionales; baja generación de sinergismos; bajo nivel de interacciones entre unidades de I+D y unidades productivas; bajo nivel de apropiabilidad de las innovaciones realizadas. Esta característica se mantiene relativamente inalterable más allá de las diferencias entre los tres casos analizados: elenco de actores tecnológicos, niveles de intensidad del cambio tecnológico, política científica y tecnológica, patrones tecnológicos internacionales, niveles de protección de la producción local.

Las diferencias que es posible registrar en las distintas dinámicas innovativas son, simplemente, variaciones en el marco de una dinámica de baja intensidad relativamente estable, con excepciones puntuales (y diferencias de escala entre ellas) en cada uno de los países.

c) Tendencia de leve *upgrading* de las dinámicas innovativas locales

La segunda característica más relevante es que, dentro de la baja intensidad general, la dinámica de la innovación local presenta una tendencia de leve *upgrading* (con algunas diferencias de escala y *scope* en el caso brasileño). Es posible registrar tendencias relativamente similares en las diferentes categorías y niveles de interacción: complejidad de las operaciones tecnológicas realizadas, nivel de las interacciones, grado de integración del sistema, etc.

Es de notar que, en gran medida, esta tendencia se explica por el esfuerzo desplegado en iniciativas estatales y, en menor medida, por iniciativas del sector privado. Aquí las diferencias (sin una diferenciación sustantiva) son más notables en el caso brasileño (traccionado estadísticamente por Embraer). En todos los países es posible registrar iniciativas puntuales en algunas empresas (en general pequeñas y medianas) de algunos sectores intensivos en conocimientos científicos y tecnológicos, fundamentalmente: biotecnología, *TICs*.

Una parte sustantiva de los recursos nominalmente destinados a la innovación tecnológica se resuelve, en la práctica, en un aumento de los recursos destinados a actividades de I+D en instituciones públicas. El empuje generado por estos recursos parece ser el principal motor de esta tendencia. Un fenómeno complementario aparece marcado por la dinámica de algunos sectores productivos, intensivos en conocimientos científicos y tecnológicos (generalmente poco significativos en el plano de las cuentas agregadas nacionales de producción y exportación –con la explícita excepción de Embraer[4]) que han comenzado recientemente a vincularse de un modo más explícito con las instituciones públicas de I+D.

4) La co-evolución de la dinámica económica y la dinámica innovativa

a) Leve reversión de largo plazo de la trayectoria socio-técnica de los SNIs

La dinámica de leve *upgrading* aparece, en la actualidad, como una curva levemente positiva, después de un periodo de meseta, desplegado durante los 80 y parte de los 90. El caso argentino, en particular, mues-

---

[4] El caso Embrear amerita una discusión aparte. Por motivos de espacio y síntesis, no es conveniente incluirla en este documento.

tra una leve reversión de la tendencia de *downgrading* registrada desde mediados de los 70 hasta entrada la primera década del 2000.

Pero es necesario anotar que previamente, durante los '60 y hasta mediados de la década del 70 es posible identificar (fundamentalmente en la Argentina y Brasil) una tendencia hacia una mayor complejidad de las operaciones, un aumento en los niveles de interacción entre actores tecnológicos locales (incluyendo la estructuración de una red local de proveedores), una leve tendencia al aumento de las interacciones de instituciones públicas de I+D con unidades productivas.

Así, las actuales tendencias aparecen, en el análisis de largo plazo, como una reversión leve, antes que como una acumulación novedosa. Esta reversión comienza, en el caso argentino, hacia mediados de los 90: reestructuración de algunas redes —cortas y fragmentarias— de proveedores, aparición de algunos (muy escasos) desarrollos intensivos en I+D. El caso brasileño presenta una trayectoria más consistente en este sentido, aunque también atravesó, durante los 60 y 70, un periodo de mayor dinámica innovativa local. El caso uruguayo presenta un perfil más estable, con una leve curva de acumulación y desarrollos puntuales en informática, microelectrónica, industria láctea y tecnologías agropecuarias.

b) Relación entre dinámica económica y dinámica innovativa

Resulta complejo establecer una correlación simétrica entre los tres países en este nivel. Sin embargo, sí parece posible afirmar que la correlación entre las dinámicas económicas locales y las dinámicas innovativas de los SNIs no se mantuvo estable en el largo plazo.

Durante la fase que se extiende hasta mediados de los 70 es posible registrar una correlación entre expansión económica y *upgrading* innovativo. Durante la fase transcurrida entre mediados de los 70 y fines de los 80 la correlación se altera en ambas dinámicas: recesión económica y *downgrading* innovativo. Así, en estas dos fases, tiende a aparecer entonces una relación directamente proporcional entre actividad innovativa y actividad económica. Pero en la fase de apertura y desregulación que se inicia en los tres países a comienzos de los 90, la correlación se altera: en tanto se produce una reactivación económica en cada uno de los tres países, la dinámica innovativa continuó presentando una trayectoria estable o, en el caso argentino, de explícito *downgrading* (sólo levemente revertida en los años recientes, en virtud de la reactivación económica).

Por lo tanto, no puede plantearse para la región que la intensificación de la actividad económica es una causa suficiente para dar lugar a procesos de *upgrading* de un SNI. Los casos locales no aportan elementos en contra de la causalidad inversa, esto es: la recesión económica es causa suficiente para dar lugar a un proceso de *downgrading* de la dinámica innovativa[5].

Sí, en cambio, parece posible sustentar que el fuerte proceso de transnacionalización de los sectores más dinámicos de las economías locales (alimentos y bebidas, automotriz, comunicaciones, servicios públicos) no fue acompañado por un "efecto de derrame" ni por una intensificación de la intervención innovativa local sobre el patrón de cambio tecnológico.

Obviamente, esta correlación no supone un escenario proclive a la proliferación y profundización de vinculaciones Universidad-Sector Productivo. Es más, uno de los posibles motores de la vinculación, la existencia de un conjunto de empresas públicas de servicios a gran escala, creadas y expandidas durante las décadas anteriores, fue discontinuada en los 90 mediante políticas de privatización o tercerización de servicios.

Esta década tampoco se caracterizó por la realización de grandes obras públicas ni por el desarrollo de mega-proyectos estatales, que podrían haber supuesto un papel para las instituciones de nivel superior. Tampoco estuvieron disponibles líneas de crédito orientado al fomento de la innovación de nivel significativo como para alterar las tendencias históricas (Brasil y la Argentina crearon algunas líneas de crédito fiscal y fondos sectoriales, de bajo impacto en los respectivos SNIs). Finalmente, el poder de compra del estado no fue utilizado como inductor de innovaciones locales. Sólo en ocasiones, el estado demandó servicios de las universidades, sin diferenciarse sustantivamente de la demanda privada.

c) Relación entre dinámica de cambio tecnológico y dinámica innovativa

Otro tanto ocurre en el plano de las correlaciones entre dinámica local de cambio tecnológico y dinámica innovativa de los tres SNIs. En la fase previa a mediados de los 70, caracterizada por la implementación de estrategias estatales de sustitución de importaciones (fundamentalmente en los casos de Brasil y la Argentina) la tendencia relativamente moderada a la intensificación del ritmo de cambio tecnológico fue acompañada por un *upgrading* de la dinámica innovativa local. Durante los 80, el ritmo de cambio tecnológico general decayó, acompañado por un proceso

---

[5] Pero, más allá de esta segunda derivación, el análisis de los casos parece consolidar la posición sistémica: no es correcto pensar estos procesos tecno-económicos en términos de causalidad lineal ni en términos a-históricos.

de *downgrading* innovativo. En los 90, se intensificó el ritmo de cambio tecnológico, en particular en los sectores más dinámicos de la economía, fuertemente transnacionalizados, pero la tendencia a la estabilidad o el *downgrading* de la dinámica innovativa local continuó.

Una vez más, no parece posible establecer una relación causal lineal entre intensificación del ritmo de cambio tecnológico y *upgrading* innovativo.

Es de notar, por otra parte, que durante el periodo caracterizable como desarrollista-sustitutivo, tanto en Brasil como en la Argentina, se desarrollaron algunos de los principales mega-proyectos tecno-productivos estatales (nuclear, energético, vial, aeronáutico, urbanístico), al tiempo que crecieron algunas de las principales empresas públicas en los tres países. Este esfuerzo implicó la realización de desarrollos tecnológicos locales. El ajuste económico de los 80 implicó, a su vez, la discontinuidad —o al menos la problematización— de estos programas

La racionalidad del cambio tecnológico de los 90 no incorporó a las universidades como un actor clave. Lejos de ello, éstas resultaron normalmente disfuncionales (o sólo útiles para la formación de recursos humanos capacitados con recursos públicos). En algunas universidades, y, en particular, en algunas áreas de conocimiento, es posible registrar demandas por servicios (normalmente discontinuas y de baja calidad).

d) ¿Hubo una "rearticulación" de los SNIs en los años 90?

Así, esta correlación problemática entre dinámica de cambio tecnológico y dinámica económica, por un lado, y dinámica innovativa, por otro, lleva a pensar en la existencia de diferentes formas de articulación de los SNIs de la región para explicar la dinámica de los sistemas locales en diferentes momentos. En otras palabras, si no existe una causalidad lineal entre actividad económica y cambio tecnológico, por un lado, y dinámica innovativa, por otro, los motivos que permiten explicar/dilucidar la baja intensidad de la dinámica innovativa en los 70 son diferentes de los que permiten explicar la misma dinámica durante los 90, y en la actualidad.

Al comparar las formas de articulación entre elementos del sistema de innovación correspondientes a las fases pre-1980 y post-1990 parece posible diferenciar dos formas relativamente estables de articulación de los SNIs locales[6].

---

[6] En esa perspectiva estilizada, la fase 1980-1990 tiende a aparecer como una transición entre una y otra conformación estabilizada, y, de hecho, presenta tanto elementos propios de la primera como de la segunda, o aparece -en la visión más optimista- como un proceso de transición coherente.

En principio, tal modelización parece entrar en conflicto con la idea de evolución sostenida de los SNIs, en una dinámica de *upgrading* acumulativo constante. Sin embargo, es de notar que las alteraciones se presentan como variaciones de grado de los elementos estables. Lejos de constituir rupturas organizacionales, es precisamente dentro de esas formas organizacionales relativamente estables que las diferencias entre formas de articulación son perceptibles. Las mayores diferencias entre una forma de articulación y otra surgen, en realidad, como resultado del procedimiento anacrónico de poner en contacto puntos 'extremos' del proceso de organización de los SNIs a lo largo del periodo 1960-2000[7].

e) Apertura económica y dinámica innovativa

Si bien es posible diferenciar, en los casos analizados, diferentes formas de implementación de políticas aperturistas, algunas con un extenso aparato regulatorio y otras con un movimiento des-regulatorio estructural; algunas graduales, y otras caracterizables como implementaciones de *shock*, la dinámica innovativa de los diferentes SNIs de la región se mantuvo relativamente estable durante su vigencia.

Por otra parte, si bien es posible registrar una correlación entre apertura y recesión industrial (en el caso argentino, durante el período 1976-1981), y entre apertura y reactivación económica en el período iniciado en 1990 (en los tres países), la trayectoria innovativa parece haberse mantenido relativamente estable. De modo tal que es posible inferir que la dinámica innovativa de la región parece haber sido poco sensible a diferencias en la forma en que fuera implementada la política aperturista. La implementación gradual del proceso de apertura en el caso brasileño parece mostrar algunas ventajas —en términos de la preservación de la dinámica innovativa, aunque no de dinamización— frente a la estrategia de *shock* implementada en el caso argentino.

Sí, en cambio, aparece una fuerte correlación entre apertura económica y estabilización o *downgrading* de la dinámica innovativa. De hecho, la vigencia de las fases de los distintos SNIs coincide con la vigen-

---

[7] De todos modos, esto no implica que oponer las dinámicas en una comparación polarizada, a efectos de resaltar algunas de las diferencias entre las articulaciones y tendencias pre-80 y post -90 sea impertinente. De hecho, la realización de tal ejercicio podría resultar sumamente útil para asistir al *policy making process*. Es necesario recordar que, en última instancia, tanto el SNI como las formas de articulación de diferentes fases no son otra cosa que (re)construcciones racionales.

cia de políticas aperturistas, así como la profundización del proceso de estabilización o *downgrading* —según los casos— coincide con la profundización de las políticas aperturistas.

Sin embargo, es necesario reiterar una vez más que tal correlación no constituye una relación causal. Si existe una relación causal, ésta se desarrolla como una causalidad compleja, no lineal, en la que la implementación de políticas aperturistas constituye un elemento entre otros.

En este sentido, es de notar que en tanto la apertura parece participar en diversos interjuegos de auto-organización negativa que explican la dinámica de *downgrading*, prácticamente no aparece en los interjuegos de *upgrading*. Lo que sí parece insustentable, luego de los análisis desarrollados hasta aquí, es plantear una causalidad lineal positiva entre apertura económica y *upgrading* innovativo. De hecho, tal relación causal no parece ni necesaria ni, mucho menos, suficiente para generar procesos de *upgrading* en las dinámicas innovativas de los SNIs locales.

Dada esta particular co-evolución entre políticas económicas y desempeño de la dinámica innovativa, tanto las señales de mercado como las generadas por las autoridades gubernamentales no configuraron un cuadro orientado a inducir riesgo innovativo por parte de los actores económicos. De hecho, lejos de parecer un comportamiento racional, multiplicar los riesgos generados por la incertidumbre de las economías locales enfrentando inversiones consistentes en I+D hubiese sido prácticamente irracional. Agregado a esto, la inexistencia o insuficiencia de líneas de crédito y planes de promoción-misión orientados favorables a la inversión en innovación, significó un déficit de señales positivas.

La incapacidad de inversión financiera por parte de las propias unidades públicas de I+D, así como su escasa autonomía en términos de decisiones financieras no hizo sino complicar aún más el desarrollo de trayectorias socio-técnicas orientadas a la innovación tecnológica. Es de notar que es posible registrar diversos desarrollos tecnológicos realizados en las instituciones públicas de I+D durante el periodo analizado: informática, ingeniería, biotecnología, y, aún, metalmecánica. Sin embargo, la mayor parte de estos desarrollos no alcanzaron a ser utilizados por el sector productivo local. Y no se trata, simplemente, de un problema de "déficit de calidad" de estos desarrollos, dado que muchos de ellos sí fueron utilizados en otros contextos nacionales (aún de países desarrollados).

Así, las señales económicas, tanto positivas como negativas, indujeron a orientar la inversión hacia procesos de cambio tecnológico basados sobre la importación de tecnologías, en una dinámica de creciente alineamiento y coordinación con *technological frames* exo-generados. Y, como es lógico, también en el caso de sectores relativamente intensivos en conocimientos (como la producción de transgénicos o la industria farmoquímica), el conocimiento local ocupó un espacio relativamente residual o, en el mejor de los casos, secundario.

5) Dinámica de cambio tecnológico y dinámica innovativa

a) Dinámica de coordinación creciente

Los aparatos tecno-productivos de Brasil, Uruguay y la Argentina aparecen alineados en *technological frames* fronteras afuera a lo largo de toda su historia. En ese sentido, el propio estilo socio-técnico de innovación basado sobre operaciones de adaptación, resignificación de tecnologías, ingeniería reversa y copia funcionó como un mecanismo que permitía la evolución del aparato productivo sin implicar un movimiento de des-alineamiento de patrones tecnológicos exo-generados. La dinámica de los SNIs locales durante la vigencia de los planes desarrollistas llevaba a la gestación de algunas diferencias menores que podrían haber conducido, eventualmente, a una diferenciación sustantiva de la dinámica tecno-productiva local. Pero lo que es posible observar, a la distancia, remite a la generación de un cierto grado de desfasaje local respecto de los patrones internacionales que no alcanzó a constituirse en la gestación de patrones tecnológicos alternativos.

La existencia de tal desfasaje implicó, sin embargo, que durante un cierto lapso —coincidente, en líneas generales con el período desarrollista-sustitutivo— la dinámica de cambio tecnológico local funcionara poco coordinada con respecto a los patrones internacionales.

Es posible plantear una lectura de este fenómeno en relación con las fases de la dinámica de los SNIs de Brasil y la Argentina:

> a) Hasta mediados de los 70: cambio tecnológico alineado pero poco coordinado. Con divergencias de trayectoria según sector. Las operaciones de "adaptación" de los procesos y productos a las condiciones locales: regulaciones de mercado, escala, materias primas, insumos, mano de obra disponibles, al mismo tiempo que permitían la extensión de los patrones exo-generados, implicaban un movimiento de des-coordinación respecto del ritmo de los *technological frames* originarios.
> Aún las empresas transnacionales participaron de esta lógica, al valorizar sus activos transferidos mediante extensiones del ciclo de vida útil de sus medios de producción.

b) Desde fines de los 70: al mismo tiempo que aumenta el alineamiento, por importaciones selectivas, aumenta la coordinación. Tanto la exportación de *commodities* como la adopción de patrones internacionales y la producción en mayores escalas (que éstas implican) inducen una mayor coordinación de algunos sectores locales —los más dinámicos, exportadores— a *technological frames* internacionales.

c) Desde inicios de los 90: alineamiento pleno y coordinación con mínimo desfasaje en los sectores locales económicamente más dinámicos (incluidos esta vez los orientados al mercado local: alimentos, comunicaciones, servicios). La adopción de criterios mundiales de calidad, estrategias de integración globalizada de productos, etc., al mismo tiempo que torna disfuncionales las intervenciones de adaptación a las condiciones locales, hace indeseables las operaciones de diferenciación de proceso o producto. Para una coordinación globalizada, es necesario un alineamiento total. Simultáneamente, se produjo una ola de inversiones extranjeras directas, durante los 90, que alteraron la estructura de propiedad de las empresas locales más dinámicas.

La dinámica del cambio tecnológico de la región puede describirse así, como una trayectoria desde niveles medios de alineamiento y un bajo grado de coordinación durante los 70 hacia altos niveles de alineamiento y coordinación en los 90. Esto implica un cambio en el papel de los actores tecnológicos locales, de usuarios creativos o, aún, innovadores espontáneos acotados (no estratégicos) en los 70, a usuarios pasivos (estratégicamente limitados) en los 90 y la actualidad.

b) La inversión de la dinámica de adaptación y resignificación de tecnologías

Durante la fase desarrollista-sustitutiva, la actividad innovativa local aparecía por la necesidad/intención de introducir variaciones en procesos y productos originarios de ensambles socio-técnicos de países desarrollados a fin de adaptarlos a las condiciones locales: regulaciones, condiciones de mercado, materias primas, insumos, calificación de la mano de obra, etc. A partir de los 90, con la extensión de lógicas, la producción, calidad y/o comercialización globalizadas, la trayectoria parece invertirse: ahora tienden a adaptarse las condiciones locales a las características y condiciones de producción de procesos y productos. En el caso de productos intensivos en insumos industrializados y/o sintéticos, la propia mecánica de la producción globalizada —y la apertura— facilita esta operatoria (donde los insumos y partes no se encuentran disponibles en condiciones convenientes, se los importa, sin necesidad de generar sustitutos locales).

Este hecho refuerza el movimiento hacia una coordinación plena del cambio tecnológico local a patrones exo-generados. La nueva dinámica de cambio tecnológico implica no sólo el abandono de una tradición previa de constante intervención sobre la dotación tecnológica importada, sino, en la práctica, la represión de ese tipo de actitudes, a fin de evitar la tendencia a la diferenciación por adaptación idiosincrásica. Este patrón de cambio tecnológico lleva a:

> a) Una reducción del espacio de innovación local;
> b) una reducción del espacio para la I+D local;
> c) la conversión de las operaciones de I+D adaptativa de productos y procesos a las condiciones locales y a las actividades relacionadas exclusivamente con el control y homogeneización de materias primas e insumos a fin de evitar la diferenciación.

Así, el espacio para intervenciones tecnológicas locales se redujo sustantivamente. En tanto, durante el periodo desarrollista-sustitutivo las universidades no alcanzaron a desempeñar un papel significativo en las operaciones de adaptación, resignificación de tecnologías y copia (por motivos que exceden el alcance de este trabajo), de modo que a partir de los 90 quedaron relativamente afuera de la agenda tecno-productiva local. No sólo por un problema de costos y riesgos de innovación, sino por un problema de adecuación a la nueva orientación de los patrones tecnológicos adoptados por la industria, de confiabilidad de los resultados, y, fundamentalmente, de tiempos relativos de desarrollo y testeo de productos y procesos.

Sólo en el caso de las tecnologías vinculadas al agro es posible detectar un nivel de interacción diferenciado, común a los tres países de la región. Fenómeno lógico, teniendo en cuenta tanto la necesidad tecno-productiva de adaptación de las tecnologías a condiciones de suelos, climáticas y agronómicas locales, como la existencia de una trayectoria previa de las instituciones de I+D locales vinculadas al sector agrícola históricamente más cercana a las necesidades y demandas de los productores locales.

6) Proceso de co-construcción entre las políticas de CyT y la dinámica innovativa local

a) La cuestión de la secuencia

En la dilucidación del proceso de co-construcción entre cambio institucional y cambio tecnológico de un SNI la secuencia de los hechos es tan importante como los propios sucesos. Algunas de estas secuencias son (re)construíbles en la forma de "asincronías", donde los hechos aparecen como partícipes de interjuegos desfasados o descoordinados. A continuación se puntualizan algunas de estas secuencias significativas[8]:

i) La fase desarrollista-sustitutiva:

- Las comunidades científicas y las instituciones universitarias de Brasil, Uruguay y la Argentina se conformaron y consolidaron antes que apareciera una tentativa de direccionarlas políticamente;
- la vinculación con la comunidad internacional —relativamente exitosa— fue previa a la tentativa de implementación de políticas explícitas con ese propósito; y
- la vinculación de algunas de las instituciones de I+D con algunas firmas del sector privado y con las empresas públicas fue previa a la creación de instancias políticas de coordinación.

Estas "asincronías" constituyen elementos clave para comprender la cuestión del ofertismo-vinculacionismo y la racionalidad de la comunidad científica local. Pero además, permiten dilucidar complementariamente algunos aspectos de lo que no ocurrió durante la fase. Las instituciones locales no fueron creadas en el marco de políticas de desarrollo industrial, como en el caso de otros países de industrialización tardía. Respondían, de hecho, a otra trayectoria socio-técnica, diferente de la que orientaba la industrialización desarrollista-sustitutiva[9]. Sólo tardíamente, durante los

---

[8] Algunas de estas dilucidaciones son resultado de tomar en consideración ucronías. Si bien este procedimiento puede parecer problemático en términos epistemológicos, resulta de suma utilidad para imaginar contrafácticos.

[9] La comunidad científica local, lejos de considerar los cuellos de botella de la productividad industrial y la creación de nuevos productos manufacturados como un desafío de interés, no podía sino percibir el vinculacionismo como una tentativa de desvío de su agenda "internacional" de investigaciones.

últimos años de la fase, parece extenderse una cierta preocupación política al respecto, que no llegó a reflejarse en una intensificación de las intervenciones de las instituciones de CyT en la dinámica innovativa de las firmas. En otras palabras: la asincronía se vincula con las limitaciones del estilo tecnológico de innovación, ya sea porque las actividades intra-planta no convergieron con las trayectorias tecnológicas de los institutos, dando lugar a una profundización y complejización de las operaciones de resignificación de tecnologías o porque no se consolidó, paralelamente al estilo dominante durante la fase, un estilo alternativo[10].

ii) La discontinuación de las políticas desarrollistas-sustitutivas

En el caso argentino el proceso de articulación del SNI se dio en un momento particular de su evolución:

- Cuando se había llegado, por primera vez, a la concepción de una convergencia entre política económica, política de CyT macro, política institucional en los niveles meso y micro, y se estaba iniciando su implementación, sobrevino la crisis del régimen democrático a mediados de los 70;
- se adoptaron políticas anti-industrialistas precisamente cuando estaba aumentando la exportación de productos industriales; y, en particular, cuando se estaba comenzando a exportar bienes de capital y tecnología; y
- cuando se estaba acelerando el ritmo de cambio tecnológico a escala internacional y algunos productores locales estaban participando exitosamente (en sectores intensivos en tecnología como máquinas herramienta e informática).

En el caso brasileño, esta transición fue gradual, preservando sectores protegidos aún durante los 80 (reserva informática, fabricación de aviones, regulaciones sobre importación de tecnologías). De hecho, todavía hoy se conservan algunas de las regulaciones correspondientes a la fase desarrollista.

---

[10] Pese a la existencia de algunas tentativas aisladas en ese sentido, por parte de algunas de las principales instituciones de I+D públicas, fundamentalmente en Brasil y la Argentina.

iii) El periodo de ajuste

La implementación de políticas de ajuste (acompañada de iniciativas de apertura de la economía y la desregulación de la importación de bienes de capital) fue realizada antes de que aparecieran signos de agotamiento del estilo tecnológico de innovación basado sobre la adaptación, la resignificación de tecnologías y la copia. De hecho, estas medidas se dieron precisamente cuando era perceptible una posibilidad de expansión a partir de la colocación de productos y tecnologías en mercados regionales. Tal posibilidad no sólo dependía de la profundización del estilo tecnológico correspondiente a la fase desarrollista-sustitutiva, sino de la potencial generación, extensión o consolidación de sinergismos inter-institucionales, que parecían viables de acuerdo con la disponibilidad de capacidad acumulada y el direccionamiento institucional concebido hacia fines de la fase anterior.

Tal vez el desafío de la apertura podría haber sido respondido de otra forma por las empresas locales si la integración entre unidades de I+D y productivas hubiera alcanzado un grado de desarrollo mayor durante la fase anterior. Pero, por otra parte, es de tener en cuenta que las instituciones públicas de CyT que iniciaron procesos de transformación a mediados de los 70, se direccionaban hacia una adecuación con empresas (públicas y privadas) participantes de la racionalidad ISI. La primera apertura las encontró adecuándose a una situación que ya no existía.

La dinámica económico-productiva de los SNIs de la región parece desfasada de las tendencias internacionales de la época:

- En el momento en que los NICs inician el despegue de sus economías semi-planificadas, colocando sus exportaciones industriales, la Argentina y Uruguay (y, en menor medida, Brasil) priorizan una lógica de acumulación centrada en lo financiero, y colocan en crisis su industria;
- cuando comienza la ventaja de diferenciar productos (por agregación de contenido tecnológico), Brasil, Uruguay y la Argentina adoptan un perfil de especialización de exportaciones centrado en productos no diferenciados (*commodities*);
- en el momento de potencial aceleración de la dinámica socio-técnica a escala internacional, en Uruguay y la Argentina (y, en menor medida, en Brasil) se produce el desplazamiento de actores tecnológicos innovativos por usuarios pasivos;
- y finalmente, cuando el cambio tecnológico se aceleraba en el mundo, en el marco de la recesión, en parte provocada por políti-

cas de ajuste o anti-inflacionarias, las industrias brasileña, uruguaya y, fundamentalmente, la argentina se restringían a inversiones menores al costo de reposición o a operaciones de mantenimiento de la dotación de maquinarias y equipos.

En el plano de la Política Científica y Tecnológica, vigente durante los 80, es posible observar otro plano de "asincronía". La política de Ciencia y Tecnología, ofertista-vinculacionista, era concebida —e intentaba ser implementada— como si aún estuviera vigente una estrategia desarrollista-sustitutiva, como si aún hubiera expansión de la inversión pública, como si aún hubiera empresas especializadas de capital nacional con lógicas que incorporaran la posibilidad de innovar como vía de acumulación.

iv) apertura y desregulación

El proceso de apertura a escala regional se gestó después del período de ajuste, y la recesión subsecuente. Este hecho, que puede parecer una tautología, es, en realidad, fundamental para la comprensión de la aceleración y trayectoria de la dinámica de cambio tecnológico de los SNIs de la región.

Desde la percepción de los actores que intentaban integrarse en el mercado globalizado, el "atraso tecnológico" acumulado durante la fase recesiva anterior era insalvable siguiendo la vía del estilo tecnológico de innovación correspondiente al periodo desarrollista-sustitutivo.

Para salvar el *gap* entre la dotación disponible y las diferencias en niveles de productividad o las (supuestas) exigencias de los mercados internacionales, la importación de tecnología ofrecía soluciones más pertinentes que el estilo tecnológico de innovación basado sobre adaptación, resignificación de tecnologías y copia, y, al mismo tiempo, más rápidas y eficaces que las basadas sobre I+D local (intra-planta o mediante cooperación con unidades de I+D públicas). La política de la apertura demandaba soluciones inmediatas, no procesos de transición lentos e incrementales. Así, el interjuego entre los tiempos relativos de la "urgencia" y el "atraso" permite explicar, al menos parcialmente, la orientación y el ritmo del cambio tecnológico de la fase aperturista.

Es posible registrar, tanto en la Argentina como en Brasil, la adopción de una retórica y, parcialmente, de una normativa, basadas sobre las conceptualizaciones neo-schumpeterianas de sistema nacional de innovación. Pero este viraje de la Política Científica y Tecnológica hacia la implementación de una normativa basada sobre la concepción normativa de "sistema nacional de innovación" se gestó en una situación en la que no era posible registrar una dinámica socio-técnica en ese sentido. Por una parte, el patrón de especialización se encontraba orientado hacia productos intensivos en recursos naturales. Por otra, las inversiones realizadas por los agentes locales más dinámicos (IED y grandes grupos económicos) no demandaron I+D ni innovación local.

De hecho, tal reorientación de los complejos nacionales de CyT parece fuera de secuencia con la política aperturista y desreguladora vigente: hubiera sido más congruente con el escenario regulado y orientado por un estado intervencionista de la ISI o podría ser, en el futuro, más coherente con un nuevo patrón de intervención del estado, proactivo, que aún no apareció[11]. No es de extrañar, entonces, que las iniciativas políticas de Ciencia y Tecnología y, en particular, las neo-vinculacionistas: parques, polos e incubadoras de empresas, fueran resignificadas o acotadas por efectos de auto-organización negativa de los sistemas tecno-productivos locales.

En la actualidad, si bien no es posible registrar una alteración cualitativa de los instrumentos de política, sí es posible percibir un aumento en la cantidad de iniciativas, en particular, en el plano meso-político de las instituciones de planificación de CyT de la región.

Paralelamente, aunque sin mayor coordinación, las políticas económicas de la región han comenzado a volver su atención al desarrollo de los mercados internos, al tiempo que han comenzado a vislumbrar, al menos en el discurso, el papel de la innovación en el desarrollo económico y social. Pero aún el desfasaje es perceptible: frente al tamaño del desafío, las iniciativas enunciadas de política económica orientadas a fomentar la innovación local aparecen como episodios aislados, parciales y fragmentarios. Lejos están de una política integrada de desarrollo basado sobre innovación tecnológica, diferenciación de producto, e intensificación del conocimiento en los procesos productivos.

b) La constitución ideológica de los actores tecnológicos y la viabilidad de una dinámica innovativa de *upgrading*

La consideración de la percepción ideológica de los actores tecnológicos locales acerca de la cuestión de la viabilidad de la innovación local

---

[11] Una de las posibles explicaciones para esta reorientación es que se trata de una tentativa de redireccionar -parcial y paliativamente- el rumbo de la política económica vigente. Así, la PCT implementada podría ser considerada como una iniciativa orientada a compensar los efectos negativos de la política de apertura económica sobre el SNI.

resulta significativa para la comprensión de la evolución de los SNIs de la región.

La trayectoria del pensamiento local parece signada por un proceso de cambio de la auto-percepción de los actores tecnológicos que afecta la viabilidad de la aparición de una dinámica innovativa local de *upgrading*. La trayectoria de los cambios en las racionalidades de los actores tecnológicos acerca de la viabilidad de un proceso de desarrollo y consolidación de un SNI local de alto sinergismo puede (re)construirse —en términos muy estilizados:

- un estadio —a fines de los 60 y principios de los 70— en el que tal dinámica innovativa parecía estar comenzando a gestarse (aunque se la restringía a operaciones formales de I+D), era conveniente y deseable, y, fundamentalmente, se consideraba, aunque difícil, factible; pasa por
- una fase intermedia, durante los 80, en la que tal dinámica no se estaba desarrollando (fundamentalmente debido a limitaciones derivadas de la inestabilidad macroeconómica y las medidas de ajuste y estabilización), podía ser deseable, y parecía posible (al menos en algunos sectores) en circunstancias más favorables que las vigentes; hasta
- la fase de los 90, en la que no estaba ocurriendo, podía ser deseable o no (dependiendo de los grupos sociales de referencia) pero, de todos modos, aunque fuera conveniente, resultaba imposible —o inútil— frente al ritmo y trayectoria de cambio tecnológico de los países centrales.

Tal vez, dos aclaraciones sean pertinentes. Es necesario no confundir el plano del discurso con la constitución ideológica de los actores. Es posible encontrar una multiplicidad de discursos "tecno-nacionalistas" —de políticos, empresarios, científicos— que declaran la conveniencia, necesidad o factibilidad de gestación de sinergismos sistémicos en el nivel del SNI. Tales discursos no son "contradictorios" con su constitución ideológica, sino que forman parte de la racionalidad de diferentes grupos sociales en sus situaciones determinadas, aunque no tienen por qué ser una expresión sincera de lo que realmente piensan acerca de la viabilidad del SNI. Por eso, la dilucidación acerca de la constitución ideológica se basa en inferir la racionalidad de las acciones concretas que desarrollan los actores, más allá de su discurso (esto constituye, en el plano de los actores, un correlato de la distinción entre política explícita e implícita).

La segunda aclaración se relaciona con la existencia de algunas pocas empresas que presentan estrategias basadas sobre innovación. Aún en este caso, el escaso o nulo nivel de interacción con otras instituciones —sean éstas otras empresas o unidades del complejo público de Ciencia y Tecnología— lleva a pensar que tampoco aquí los actores actúan a favor de reificar un SNI de alto sinergismo. Los casos aislados no alcanzan a constituir una interpelación para el conjunto de los actores tecnológicos locales, suficiente como para sustentar la idea de viabilidad de un proceso de *upgrading* del SNI: los propios actores innovativos se perciben como casos excepcionales, aislados y contracorriente.

En este nivel, la constitución ideológica "pesimista" de los actores tecnológicos locales aparece como una profecía auto-cumplida. En el plano de la auto-organización de las múltiples interpelaciones a que están sometidos permanentemente los actores tecnológicos locales, se genera una causalidad circular: menor posibilidad, menor viabilidad, menor deseabilidad, menos acciones y realizaciones, menos ejemplos contra-intuitivos, menor posibilidad, etc.

Es posible (re)construir otra forma de constitución ideológica en los 90, en el marco de una conceptualización donde el proceso de cambio tecnológico vía importación y difusión "ortodoxa" de tecnologías blandas era considerado como innovación. En esta constitución, la innovación está ocurriendo, es deseable (en la forma en que se está desarrollando), y es concebible una consolidación de su dinámica en el futuro. Pero, es necesario tener en cuenta que en esta perspectiva "optimista" no se está considerando la viabilidad de un *upgrading* de la dinámica local de generación de nuevos productos y procesos, sino la factibilidad de que continúe el cambio tecnológico en las condiciones —de alineamiento y coordinación en *technological frames* exo-generados— en que se está desenvolviendo: sin interacciones inter-institucionales, ni sinergismos, ni efectos sistémicos positivos.

La existencia de esta segunda constitución ideológica da lugar a un nuevo proceso auto-organizado negativo. En la práctica, esta constitución "optimista", tiende a reproducir —de forma ampliada— la situación que origina el pesimismo de la constitución ideológica "pesimista": cuanto más se consolide la satisfacción de los actores tecnológicos con el "funcionamiento" de los mecanismos de cambio tecnológico por importación de tecnologías y difusión "ortodoxa" de tecnologías blandas, menor es la viabilidad de un proceso de *upgrading* de la dinámica innovativa local.

c) El espacio de la política científica y tecnológica en los SNIs locales

El interjuego entre política y dinámica socio-técnica en los SNIs de Brasil, Uruguay y la Argentina puede ser considerado desde dos perspectivas.

Desde una, centrada en el sistema, es posible observar cómo el funcionamiento fuertemente auto-organizado de los respectivos SNIs a lo largo de las distintas fases analizadas hizo que las endo-causalidades anulasen o resignificasen la exo-causalidad de la Política Científica y Tecnológica.

Desde la perspectiva de la Política Científica y Tecnológica, las sucesivas políticas aparecen integrándose y confundiéndose en la causalidad compleja de la dinámica de los SNIs. Algunas de las líneas explicativas que permiten comprender la baja intensidad de la dinámica innovativa —en particular, las que se relacionan con los sucesivos regímenes sociales de acumulación y los cambios en las trayectorias socio-técnicas de las firmas— también parecen explicar la baja o nula incidencia de la Política Científica y Tecnológica sobre la dinámica de los SNIs locales.

Precisamente, la incidencia sobre el comportamiento de los actores tecnológicos resulta un elemento clave para la comprensión de las trayectorias de los SNIs de Brasil, Uruguay y la Argentina. La principal significación de la Política Científica y Tecnológica para la comprensión de las dinámicas de los tres SNIs aparece por la negativa: el fracaso de las tentativas de organización, la escasa interacción entre las unidades del complejo de CyT y las empresas, la escasa actividad innovativa desarrollada por las unidades de I+D en tanto actores tecnológicos discretos, etc. Esa impotencia de la PCT para alterar la trayectoria de los actores tecnológicos constituye un elemento explicativo del carácter auto-organizado de estos SNIs.

En otras palabras, una de las principales características de los SNIs de la región es su escasa permeabilidad a las diferentes tentativas de organización de la Política Científica y Tecnológica explícita (ofertistas *laissez faire*, regulacionistas anti-dependentistas, autonomistas moderados, neo-vinculacionistas, etc.); su resistencia a responder de forma lineal a las diversas iniciativas lineales implementadas.

Así, del análisis de la dinámica socio-técnica los tres SNIs se desprende la insuficiencia de las políticas explícitas de CyT en generar dinámicas innovativas locales intensas. Tal insuficiencia revela el fracaso de una aspiración racional lineal, que concibe a la política como una forma de creación de la realidad. Por tratarse de sistemas fuertemente auto-organizados, los SNIs no respondieron mecánica y linealmente a los instrumentos de política implementados. La capacidad de los respectivos SNIs de someter las tentativas de organización a su endo-causalidad se vio favorecida por el carácter sectorial de las políticas lineales implementadas, centradas en la gestión o en el mejoramiento de algunos indicadores aislados. Una política sectorial de Ciencia, Tecnología e Innovación que simplemente responda punto por punto a una lista de síntomas de un diagnóstico puede, probablemente, generar algunas alteraciones incrementales pero, *a priori*, parece insuficiente para dar cuenta del desafío de reorientar la dinámica socio-técnica de estos SNIs, en particular si es focalizada sólo sobre un restringido grupo de actores dentro un campo de interacciones amplio y diverso.

Tal vez esto explique —parcialmente— por qué, a pesar de la lucidez y sofisticación de algunos de los diagnósticos realizados, las iniciativas derivadas de ellos tuvieron escasa incidencia sobre el plano de la dinámica socio-técnica. Es de notar que una simple variación en la tasa de cambio parece haber resultado más significativa para las dinámicas socio-técnicas locales que el conjunto de medidas de política de Ciencia, Tecnología e Innovación acumulado a lo largo de los últimos años en los tres países.

La diferenciación analítica entre política implícita y política explícita resulta insuficiente para abarcar el fenómeno. La distinción, en el fondo, preserva parte de la ilusión racionalista lineal: si la política implícita fuera coherente con la PCT explícita, si las medidas económicas no contradijeran las medidas y el discurso de PCT explícita, sería posible un cambio socio-económico y la oferta de conocimientos encontraría su demanda. Pero, si bien es probable que la convergencia hubiera viabilizado una mejora en las condiciones de implementación de la PCT ofertista lineal, ciertamente esto no hubiera implicado una alteración de la dinámica innovativa.

Esta ilusión racionalista, presente a lo largo del desarrollo del *policy making* de CyT, aparece en la forma de propuestas normativas de creación o profundización de un Sistema Nacional de Innovación "propio"[12]. En tanto las propuestas se restrinjan a modificar algunas medidas

---

[12] Los impulsores o voceros de estas propuestas son, en muchos casos, economistas ex-desarrollistas, ex-estructuralistas o ex-anti-dependentistas. Si bien el discurso de los 90 parece guardar poco en común con los planteos de los 70, la estructura de la argumentación parece prácticamente estable y restringida, básicamente, a sustitución de conceptos: desarrollo por innovación; burguesía industrial o empresariado nacional por innovador schumpeteriano; productividad por competitividad; estructura industrial integrada por SNI; dependencia tecnológi-

del área de CyT, siguiendo la tradición de hacer política para los institutos de I+D y la comunidad científica, parecen escasas las probabilidades de incidir sobre las dinámicas socio-técnicas locales.

La política de innovación no puede restringirse al área de CyT si pretende actuar sobre los procesos de auto-organización negativa de los SNIs de la región. La política de innovación no puede ser concebida como un sustituto de la política de Ciencia y Tecnología, ni, menos aún, como una sub-área de la Política Científica y Tecnológica. Así, a pesar de su inspiración teórica sistémica, estas políticas de SNIs normativos han continuado siendo tan lineales como sus predecesoras, tanto en su implementación (focalizada en los complejos institucionales de ciencia y tecnología) como en su concepción (el proceso de cambio se inicia desde el conocimiento científico y la comunidad científica).

7) A modo de cierre

a) No aparición de procesos de auto-organización positiva

A lo largo de la historia de los SNIs de Brasil, Uruguay y la Argentina es posible registrar múltiples tentativas de organización (ofertistas, vinculacionistas, neo-vinculacionistas), que, en líneas generales, no dieron lugar al surgimiento de dinámicas socio-técnicas de innovación auto-sustentadas ni, mucho menos, a procesos de auto-organización positiva, sinergética. Aun los procesos de aparición de innovaciones, durante la fase desarrollista sustitutiva aparecen enmarcados por causalidades negativas (limitaciones del estilo tecnológico de innovación, racionalidad de los actores tecnológicos, etc.). Los casos"virtuosos", en tanto, apa-

---

ca por importación de tecnología; independencia tecnológica por dinámica innovativa endógena; autonomía por SNI auto-sustentado; etc. Frente a la decepción por la vía del cambio estructural y las limitaciones de la globalización, la posibilidad de cambio se refugia, de manera "realista" en un objetivo más restringido: el SNI, o, aun, la vinculación Universidad-Sector Productivo. Este discurso parece haberse extendido, en particular, entre economistas de izquierda, donde se presenta como una nueva herramienta alternativa para discutir con los neoclásicos (con la teoría, ya que el debate con los colegas de carne y hueso prácticamente no existe), toda vez que las posiciones keynesianas del estado de bienestar, marxistas o estructuralistas atraviesan por una crisis de legitimidad, política antes que académica.

recen como experiencias aisladas (tanto que, en muchos casos la literatura los considera "excepciones"), resultantes del impulso sostenido de grupos individuales, o por iniciativas político-estatales de desarrollo estratégico (consideradas, normalmente, como "voluntaristas").

En las dinámicas innovativas de los SNIs de la región no aparecen grandes círculos virtuosos, caracterizados por la internalización progresiva de actividades de innovación a escala del sistema. La propia racionalidad interna del estilo socio-técnico de innovación basado sobre adaptación, resignificación de tecnologías y copia —sintomático y cortoplacista— no induce, por sí sola, automatizaciones de comportamientos innovativos que lleven a un cambio sustancial de las trayectorias socio-técnicas. Escasas firmas —fundamentalmente pymes— sostienen, en la región, estrategias basadas sobre innovación de producto: biotecnología y *software*. Las innovaciones de proceso, en tanto, sólo alcanzan a aplicaciones intra-muros.

Los SNIs de dinámica innovativa intensa se caracterizan por movimientos de retroalimentación, diversificación y complementación. La diversificación de alternativas genera nuevas oportunidades, al tiempo que la complementación (organizada u auto-organizada) favorece la aparición y mantenimiento de sinergismos. En este marco, una innovación singular resulta menos costosa y más viable, no sólo por la mayor cantidad de recursos puestos en juego, sino porque ya se encuentran movilizados en trayectorias socio-técnicas sinergéticas: no precisan quebrar la inercia del sistema ni funcionan contracorriente del régimen social de acumulación vigente.

En los SNIs de la región, las trayectorias innovativas no se deslizan y entrelazan, retroalimentándose, creando una sensación de "situación natural", donde las conductas innovativas aparecen como comportamientos normales, lógicos y viables, sino que son permanentemente empujadas por actores conscientes. La falta de funcionamiento sinergético hace que cada una de las tentativas sea, comparativamente, más costosa. Las tentativas de estrategias basadas en innovación aparecen, en general, en el marco de procesos *top-down* de *decision making*. Al no alcanzar un estadio de mecanización progresiva, estas tentativas tienden a desaparecer cuando los actores clave (los *system builders*) dejan de actuar como impulsores.

Esto no significa que la implementación coyuntural de estrategias de innovación sistémica sea inviable en el contexto de SNIs de baja intensidad y escasa articulación. Pero es necesario tener en cuenta que esto implica, en el contexto de las dinámicas socio-técnicas locales, un esfuerzo multiplicado y oneroso. Es necesario no sólo planificar lo que es normalmente planificado en proyectos tecnológicos de países desarrollados (en otros ensambles socio-técnicos), sino que también es preciso organizar lo que en otras trayectorias socio-técnicas aparece de manera "espontánea", como resultado de la dinámica endo-causal del ensamble socio-técnico local (incluyendo la iniciativa privada de los proveedores). Tanto es así que, en ocasiones, no se trata de iniciativas donde se genera una incubadora de empresas de base tecnológica en un sector tecno-productivo preexistente, sino que °la única experiencia productiva local en el sector es la propia incubadora!

La principal diferencia entre un SNI de un país desarrollado y uno subdesarrollado puede ser caracterizada por la aparición, en los primeros, de una dinámica de *upgrading* basada en la generación de sinergismos y procesos de auto-organización positiva. Los procesos organizados resultan viables porque interjuegan positivamente con las endo-causalidades de los procesos auto-organizados. Ambos procesos interactúan, a su vez, retroalimentándose en la causalidad compleja de la dinámica socio-técnica local, generando crecientes rendimientos de adecuación a las necesidades y condiciones locales.

b) El problema de la adecuación socio-técnica

La argumentación ofertista lineal de las diferencias presupuestarias como explicación de las diferencias en la dinámica innovativa ha fracasado: el aumento lineal de recursos (porcentaje del PBI invertido en I+D, participación del área CyT en el presupuesto nacional) no causa *per se* aumentos de sinergismo ni genera la aparición de procesos de innovación de auto-organización positiva.

El argumento a favor de las estrategias demandistas, también fracasa: un ensamble socio-técnico caracterizado por procesos de auto-organización negativa y bajo nivel de sinergismos difícilmente generará una dinámica innovativa de *upgrading* —de creciente adecuación socio-técnica a su proceso de desarrollo económico y social— de forma espontánea.

Existe una asimetría —entre países desarrollados y subdesarrollados— en la validez de la "ley de adecuación socio-técnica" (entre las actuales trayectorias de innovación-cambio tecnológico y los modelos de acumulación vigentes):

- En los desarrollados: cuanto más se adecua la dinámica socio-técnica al régimen social de acumulación vigente, más se afirma un proceso de auto-organización que lleva al *upgrading* de las trayectorias innovativas; y cuanto más aumentan los sinergismos entre SNI y régimen social de acumulación, mayor es la acumulación en los sectores más dinámicos (intensivos en tecnología).

- En los subdesarrollados: cuanto más se adecua la dinámica socio-técnica al régimen social de acumulación vigente, más se alinea y coordina la dinámica socio-técnica en *technological frames* fronteras afuera (de los países desarrollados), y más se afirma un proceso de auto-organización negativa. Cuanto más aumenta la acumulación (en sectores poco dinámicos de la economía internacional y poco intensivos en tecnología), aparecen menores sinergismos entre régimen social de acumulación y los SNIs poco intensivos y desarticulados. Cuanto mayor es la adecuación al modelo de acumulación, menos racional parece esperar procesos de auto-organización positiva que lleven a una dinámica innovativa local de *upgrading*.

Se llega así a una aporía sistémica: el *gap* tecnológico aumenta constantemente por la asimetría en la vigencia de la ley de adecuación entre el SNI y el régimen social de acumulación. Cuanto más aumenta el *gap* tecnológico, menos racional es destinar recursos a innovación. El espacio hasta la meta aumenta debido a la diferencia sistémica, infinitamente.

Frente a la existencia de algunos planteos acerca del surgimiento reciente de un nuevo arreglo de innovación globalizada, donde los institutos locales de I+D "de excelencia" se integrarían en la estrategia de innovación de las empresas transnacionales; u otros, donde los grandes grupos económicos locales, llevados por su propia lógica de acumulación, invertirían en innovación local, sería conveniente realizar series de estudios de caso a fin de testar tales hipótesis. Por el momento, en los casos de Brasil, Uruguay y la Argentina, esos planteos se basan sobre extrapolaciones teóricas, antes que sobre estudios de base empírica[13].

c) Insumos para *policy making*

A la luz del análisis desarrollado, es posible derivar una recomendación de política de Ciencia, Tecnología e Innovación: la complejidad de

---

[13] Tales estudios de caso deberían realizarse utilizando criterios de innovación que distinguieran cambio tecnológico de innovación (aunque, al mismo tiempo, en base a un concepto de innovación relativamente amplio, que incluyera desde adaptación y resignificación de tecnologías hasta cooperación en esfuerzos de

los procesos de cambio tecnológico torna necesaria la realización de análisis de las dinámicas y las trayectorias socio-técnicas de los sistemas locales de innovación, como insumo para la planificación estratégica de iniciativas de PCTI. La planificación de estas iniciativas en ausencia de ese insumo corre el riesgo cierto de asimilarse a las concepciones ofertistas lineales, vigentes en la región hasta avanzados los 90.

Si bien es cierto que es difícil evaluar si la incidencia de estas iniciativas podría haber sido mayor en caso de haberse realizado tales análisis como insumo para el proceso de *policy making,* sí parece claro que el grado de adecuación al contexto socio-institucional podría haber sido mayor. Esta adecuación permitiría dar cuenta de las múltiples racionalidades de los actores implicados (científicos, tecnólogos, empresarios, *policy makers,* formadores de opinión), definir prioridades y estrategias que vayan al encuentro de la dinámica socio-técnica vigente (en lugar de comportarse como propuestas "en paralelo", o como exo-causalidades poco conducentes), y conformar las iniciativas de política en términos de viabilidad y gobernabilidad (en lugar de funcionar como propuestas en abstracto, transducidas de escenarios extra-regionales), aumentando su potencial de alteración del escenario tecno-productivo tendencial y su capacidad de incidir sobre los estilos socio-técnicos de innovación locales.

Aprender de la propia experiencia sea, tal vez, la mejor salida a este problema. Ya existe una cantidad y escala de experiencias locales de innovación tales que permitirían analizar no sólo por qué algunas cosas funcionaron deficientemente sino, fundamentalmente, ¿cómo es que funcionaron las que resultaron exitosas?, ¿cómo generaron su condición de posibilidad las experiencias viables?

Existe en cada uno de los tres países una significativa cantidad de empresas nacionales con producciones intensivas en conocimientos científicos y tecnológicos. El análisis de estas experiencias consideradas exitosas muestra particulares estilos socio-técnicos sobre los cuales construyeron su trayectoria y su viabilidad, diferenciados de los estilos desplegados por las firmas de países desarrollados. Sin embargo, pocos son los análisis disponibles —realizados desde esta perspectiva— sobre estos

---

I+D). Las experiencias de medición acumuladas en la región contraindican la utilización de metodologías basadas sobre encuestas y declaraciones subjetivas de entrevistados, y afirman la mayor confiabilidad de estudios de caso y observaciones directas con análisis de las actividades.

emprendimientos tecno-productivos. Obviamente, también existe en la región un significativo número de experiencias fracasadas, cuyo análisis estratégico supondría una valiosa información en términos de aprendizaje acerca de qué hacer y qué no tiene sentido volver a intentar.

Es necesario tener en cuenta que gran parte de las experiencias desplegadas en los países desarrollados muestran la existencia de una elevada capacidad redundante, tal que permitió absorber fracasos, multiplicar experiencias, al tiempo que posibilitó tentativas sostenidas en plazos prolongados. En los países en vías de desarrollo, en cambio, la capacidad redundante es escasa o nula. De allí la relevancia del diseño y la planificación estratégica de las iniciativas locales. No es suficiente con contar con análisis macro (del entorno, extra-muros) y micro (de las firmas, intra-muros). Lejos de la (re)construcción estática del entorno de las firmas, enfoques integrados de redes tecno-económicas o ensambles socio-técnicos permitirían comprender con mayor precisión y claridad procesos dinámicos de alineamiento y coordinación de elementos heterogéneos (tecnologías, regulaciones, actores, prácticas, transacciones, mercados).

Si los procesos de adecuación socio-técnica de las iniciativas locales de vinculación Universidad-Sector Productivo incorporaran la dimensión de las necesidades locales como motor de desarrollo, las condiciones de posibilidad de *upgrading* de los SNIs de la región podrían mejorar sustantivamente. Por un lado, porque eso es lo que efectivamente se puede identificar en la dinámica socio-técnica de los SNIs de los países desarrollados, generando productos y procesos adecuados a sus condiciones locales. Por otro, porque esa dinámica constituye un motor de diferenciación de productos, gestación de nuevos mercados (internos e internacionales), generación de respuestas a problemas socio-económicos que, a su vez, viabilizan el surgimiento de nuevos sinergismos.

En este plano, más allá de las diferencias cuantitativas entre Brasil, Uruguay y la Argentina, existe un desafío en común: responder a urgentes necesidades sociales, solucionar graves problemas ambientales, aumentar su capacidad tecno-productiva y su competitividad sistémica, generar mayor autonomía de decisiones tecno-económicas y socio-políticas.

Existe también un espacio geoestratégico en común, escasamente aprovechado. Sin embargo, el potencial de desarrollo de un sistema regional de innovación aún no ha sido incorporado en la agenda política de la región. ¿Es que acaso alguien ignora que los sistemas tecno-productivos de Finlandia, Corea, Australia, Dinamarca, Irlanda, Israel, no sólo fueron generados y sustentados por iniciativas estatales, sino, fundamentalmente, por una férrea decisión política, consistente a lo largo de décadas? ¿Es que acaso alguien supone, observando los indicadores disponibles, que Brasil, Uruguay o la Argentina son viables a largo plazo de manera aislada, sin realizar esfuerzos de integración de sus sistemas tecno-productivos, sin compartir los costos de investigación y desarrollo?

La adopción de una estrategia de integración de esfuerzos a escala regional supondría una triple ventaja:

> a) La expansión de una visión alternativa a la simple acumulación económica lineal, basada sobre la explotación de los recursos naturales, a partir de lugares aún no demarcados;
> b) la habilitación de nuevos actores en el proceso decisorio, y, tal vez con ellos, la aparición de nuevas propuestas tecno-productivas con mayor potencial de desarrollo económico e integración social, y, en última instancia;
> c) la construcción del Mercosur como un actor colectivo, a escala de un sistema regional de innovación, orientado a superar las restricciones derivadas de la condición periférica: mayor adecuación socio-técnica a las necesidades y demandas locales, mayor desarrollo económico y social, mayor capacidad de resolución de problemas sociales y ambientales, mayor democratización.

Referencias bibliográficas*

Arrow, K. (1962): "The Economic Implications of Learning by Doing", *Review of Economic Studies*, Vol XXIX, N° 80.

Cimoli, M. y Dosi, G. (1994): "De los paradigmas tecnológicos a los sistemas nacionales de producción e innovación", *Comercio Exterior*, Vol 44, N° 8.

Dosi, G. (1982): "Technological Paradigms and Technological Trajectories. The Determinants and Directions of Technological Change and the Transformation of the Economy", en Freeman, C.: *Long Waves in the World Economy*, Pinter, Londres.

Dosi, G. (1984): *Technical Change and Industrial Transformation - The Theory and an - Application to the Semiconductor Industry*, Macmillan, Londres.

Dosi, G. (1988): "The Nature of the Innovative Process", en Dosi, G., Freeman, C., Nelson, R., Silverberg, G., y Soete, L. (eds.), *Technical Change and Economic Theory*, Pinter Publisher, Londres.

Freeman, C., Clark, J. y Soete, L. (1982): *Unemployment and Technical Innovation: a Study of Long Waves in Economic Development*, Londres, Pinter.

Gianella, C. y Thomas, H. (2005): *Insumos para una planificación estratégica de políticas públicas de ciencia, tecnología, innovación y educación superior*, UNSAM, Buenos Aires.

Hughes, T. P. (1983): *Networks of Power. Electrification in Western Society, 1880-1930*, The Johns Hopkins University Press, Baltimore y Londres.

Hughes, T. P. (1987): "The Evolution of Large Technological Systems", en Bijker, W., Hughes, T. P. y Pinch, T. (eds.), *The Social Construction of Technological Systems: New Directions in the Sociology and History of Technology*, The MIT Press, Cambridge.

Lundvall, B-Å. (1985): *Product Innovation and User-Producer Interaction*, Aalborg University Press, Aalborg.

Lundvall, B-Å. (1992): *National Systems of Innovation: Towards a Theory of Innovation and Interactive Learning*, Londres, Pinter.

Nelson, R. y Winter, S. (1977): In search of useful theory of innovation, *Research Policy*, Vol.6, N° 1.

Nelson, R. y Winter, S. (1982): *An Evolutionary Theory of Economic Change*, Harvard University Press, Cambridge.

OECD (1992): *Technology and the Economy*, OECD, París.

Pavitt, K. (1984): "Patterns on Technological Change: Towards a Taxonomy and a Theory", *Research Policy*, Vol. 13, N° 6.

Rosenberg, N. (1976): *Perspectives on Technology*, Cambridge University Press, Cambridge.

Rosenberg, N. (1982): *Inside the Black Box: Technology and Economics*, Cambridge University Press, Cambridge.

Thomas, H. (1999): *Dinâmicas de inovação na la Argentina (1970-1995): Abertura comercial, crise sistémica e rearticulação*, Tesis de Doctorado, Universidad Estadual de Campinas.

Thomas, H. (2001): "Estilos socio-técnicos de innovación periférica. La dinámica del SNI argentino, 1970-2000", en ALTEC: *IX Seminario Latino-Iberoamericano de Gestión Tecnológica: Innovación Tecnológica en la Economía del Conocimiento*, CD, San José de Costa Rica.

Thomas, H. y Dagnino, R. (2005): "Efectos de transducción: una nueva crítica a la transferencia acrítica de conceptos y modelos institucionales", *Ciencia, Docencia y Tecnología*, UNER, N° 30, pp. 9-46.

---

* Para mayor información bibliográfica, consultar Anexo en pp. 193 y ss.

Parte 2:

La visión desde los países

Capítulo III

El sistema nacional de innovación en la Argentina y los desafíos de la integración regional

Andrés López[1]
Profesor UBA
Director CENIT

Si hay una cuestión sobre la cual hay poco consenso y mucha confusión entre los economistas —y en general entre los intelectuales— es acerca de por qué hay países pobres y países ricos —esto es, cuál es el "secreto" del desarrollo económico[2]. Si bien casi todo el mundo está de acuerdo en que el progreso tecnológico es parte fundamental de ese secreto, las discrepancias aparecen a la hora de entender qué es, cómo se produce y cuáles son sus impactos, lo cual naturalmente se traduce en diferentes maneras de concebir cuáles son las mejores políticas en la materia.

Por un lado, los economistas "ortodoxos" —y esto se refleja, por ejemplo, en las posiciones de los organismos financieros internacionales— tendían (¿tienden?) a pensar que en un país en desarrollo, el progreso tecnológico es algo que fundamentalmente viene del exterior en la forma de máquinas, inversión extranjera directa (IED) y/o "intangibles" (patentes, licencias, etc.). En este caso, la política óptima consistiría en abrir la economía a esas fuentes de conocimiento —y fortalecer la legislación

---

[1] El autor agradece los comentarios de Fernando Porta (Centro REDES) y del resto de los asistentes al seminario.

[2] No es extraño que dos libros recientes e importantes sobre el tema lleven títulos como *The Elusive Quest for Growth* (Easterly, 2001) o *The Mystery of Economic Growth* (Helpman, 2004).

sobre propiedad intelectual, para garantizar a los dueños de los activos tecnológicos respectivos el respeto de sus derechos de propiedad.

En el lado opuesto, están quienes piensan que esa apertura, lejos de ser favorable, resulta perjudicial, en tanto genera una "dependencia tecnológica" que limita las posibilidades de desarrollo autónomo. La recomendación de política, en este caso, es la de procurar la "autonomía tecnológica", restringiendo el ingreso de tecnologías importadas y favoreciendo el desarrollo de proyectos locales, muchas veces *mission oriented* (por ejemplo, orientados a "dominar" un determinado campo del conocimiento), y usualmente patrocinados o encarados directamente por el Estado. Esta posición se identifica en gran medida con lo que Adler (1987) llama "anti-dependentismo", movimiento que alcanzó bastante vigor hacia fines de los 60 y comienzos de los 70 en varios lugares de la periferia.

Finalmente, están quienes siguen pensando que el progreso tecnológico es un subproducto más o menos "natural" de la investigación científica (esto es lo que Kline y Rosenberg (1986), denominaron "modelo lineal"). En este caso, una vía para alcanzar la mencionada autonomía tecnológica sería potenciar la investigación en ciencia en los países en desarrollo, con la esperanza de que, tarde o temprano, se traduzca en progreso tecnológico endógeno.

A nuestro juicio, ninguna de estas posiciones –que hemos delineado de manera muy estilizada, pero que caracterizan bastante bien a los argumentos de fondo sostenidos en cada caso— permite entender adecuadamente el papel que juega el progreso tecnológico en los procesos exitosos de desarrollo económico.

Por un lado, esos procesos siempre han implicado la combinación de insumos tecnológicos importados con esfuerzos domésticos (Dahlman y Nelson, 1993). Si bien son ejemplos ya muy usados, es imposible no volver a los casos asiáticos como paradigmas de esta lógica. Corea, Japón o Taiwán comenzaron absorbiendo tecnologías del extranjero por distintas vías (copia, bienes de capital, licencias, etc.), para luego progresivamente ir generando una capacidad innovativa local que les permitió pasar de imitadores a "mejoradores" y, finalmente, convertirse en innovadores "genuinos". Para ello, además de regular estratégicamente la importación de tecnología —y restringir, en mayor o menor medida según el caso, la llegada de IED—, fueron asignando crecientes recursos a las actividades de investigación y desarrollo (IyD).

Observamos en el gráfico 1 que aun Singapur, en donde la IED jugó un rol muy fuerte, también elevó sustancialmente sus gastos en IyD —y lo mismo vale para un caso no asiático, pero similar al de Singapur en varios aspectos, como el de Irlanda. A su vez, en todos estos casos el grueso del gasto en IyD (aproximadamente 70%) lo hace el sector privado, lo cual contrasta fuertemente con el patrón latinoamericano (y argentino) —donde las proporciones son inversas.

Gráfico 1

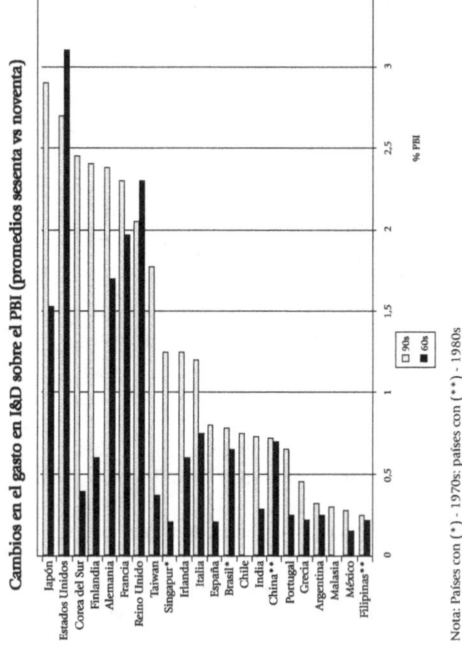

Nota: Países con (*) - 1970s; países con (**) - 1980s
Fuente: extraído de Fagerberg y Godinho (2005).

Guillermo Rozenwurcel / Carlos Gianella / Gabriel Bezchinsky / Hernán Thomas

Que estos procesos en donde se combina la importación de tecnología con crecientes esfuerzos tecnológicos domésticos generan resultados tangibles se comprueba, por ejemplo, examinando la cantidad de patentes obtenidas en los EE.UU. por los residentes de distintas naciones. En 2006 las empresas y ciudadanos japoneses obtuvieron el 44% de todas las patentes concedidas a extranjeros en los EE.UU., mientras que en los casos de Taiwán o Corea ese número superó el 7% —estos últimos países ocuparon los puestos 3 y 4 en el ránking respectivo, sólo superados por Japón y Alemania[3]. Similares contrastes surgen de examinar otros indicadores de desarrollo tecnológico como, por ejemplo, participación de sectores intensivos en conocimiento en la estructura productiva[4].

Por otro lado, la ciencia no lleva "naturalmente" a la innovación tecnológica (Kline y Rosenberg, 1986). La Argentina tiene tres Premios Nobel en ciencias y Corea o Taiwán ninguno, y sin embargo esto no se ha traducido en un mayor desarrollo tecnológico en nuestro país. Una manera de ver los diferentes impactos de la ciencia sobre la capacidad innovativa de un país es a través del "índice de aprovechamiento de oportunidades" desarrollado por Albuquerque (2001), el cual relaciona, para un país dado, su participación en el patentamiento en los EE.UU. y su peso en las publicaciones científicas mundiales[5]. El cuadro 1 refleja los resultados de la estimación de dicho índice para un conjunto de países latinoamericanos en comparación con otras naciones tanto desarrolladas como en desarrollo. Los datos son bastante claros: mientras que

---

[3] Incluso en un país como Singapur, con una fuerte presencia de ET, los residentes obtienen en un año más patentes en los EE.UU. que la suma de todos los originarios de países de América Latina.

[4] Dentro del grupo estudiado por Cimoli *et al* (2005), los países que registraron mayores incrementos en el peso de los sectores "difusores de progreso técnico" en la producción manufacturera fueron Corea, Singapur y Malasia, donde esas actividades pasaron a representar el 63%, 65% y 55%, respectivamente, en el año 2000, *vis a vis* 11%, 34% y 16% en 1970. En algunas economías más maduras, como la de los Estados Unidos, estos sectores explicaban el 40% del valor agregado industrial en 1970 y el 60% tres décadas después.

[5] Si bien, como el autor lo indica, se trata de un indicador no exento de problemas, en particular considerando que las dos variables que relaciona no siempre representan de un modo preciso el potencial tecnológico y científico de un país, de todos modos es una buena manera de aproximarnos a la siguiente pregunta: ¿en qué medida los resultados de la actividad científica de un país son transformados en desarrollos tecnológicos concretos?

en naciones asiáticas como Taiwán, Corea, Japón o Singapur el índice respectivo es alto, los países latinoamericanos —incluyendo la Argentina— están sub-utilizando su potencial científico —al menos desde el punto de vista de su capacidad de desarrollo tecnológico.

Cuadro 1
ÍNDICE DE APROVECHAMIENTO DE OPORTUNIDADES (2001)[6]

	Patentes * (A) (%)	Publicaciones** (B) (%)	IAP (A)/(B)		Patentes * (A) (%)	Publicaciones** (B) (%)	IAP (A)/(B)
Taiwán	6,9	1,2	5,5	Venezuela	0,0	0,1	0,4
Japón	42,4	8,8	4,8	Perú	0,0	0,0	0,4
Corea	4,5	1,7	2,7	Colombia	0,0	0,1	0,3
Alemania	14,4	6,7	2,1	Costa Rica	0,0	0,0	0,3
Suecia	2,2	1,6	1,4	México	0,1	0,5	0,2
Canadá	4,6	3,5	1,3	Indonesia	0,0	0,0	0,2
Finlandia	0,9	0,8	1,2	la	0,1	0,5	0,1
Singapur	0,4	0,4	0,9	Argentina	0,2	1,7	0,1
Irlanda	0,2	0,3	0,7	India	0,1	1,1	0,1
Inglaterra	5,1	7,3	0,7	Brasil	0,0	0,2	0,1
Malasia	0,1	0,1	0,7	Chile	0,3	3,2	0,1
Australia	1,1	2,3	0,5	China Uruguay	0,0	0,0	0,0

Fuente: Elaboración propia sobre la base de datos del ISI y de la United States Patent and Trademark Office (USPTO).
IAP: Índice de aprovechamiento de oportunidades.
*: Participación en el total de patentes otorgadas a extranjeros en los EE.UU.
**: Participación en el total de publicaciones científicas mundiales (Science Citation Index).

Estos breves comentarios introductorios nos sugieren que las interacciones entre importación de tecnología y actividades innovativas domésticas o entre ciencia y tecnología son complejas, pero a la vez cruciales

---

[6] El dato de patentes corresponde a las patentes de no residentes obtenidas en los EE.UU. y el de publicaciones se basa en los datos del *Science Citation Index*, que recoge estadísticas sobre publicaciones científicas a nivel mundial.

para los procesos de desarrollo económico. El enfoque de *sistema nacional de innovación* (SNI), desarrollado desde hace algo más de una década dentro de la corriente "evolucionista" o "neo-schumpeteriana", apunta justamente a captar el carácter sistémico, interactivo e institucional e históricamente enraizado de los procesos de innovación y a analizar los vínculos de estos últimos con las trayectorias de desarrollo económico seguidas por distintos países a lo largo del tiempo.

Los esquemas de integración regional, como es el caso del Mercosur, teóricamente podrían tener un impacto positivo sobre el desenvolvimiento de los sistemas nacionales de innovación de los países involucrados. Entre otras razones, esto sería así considerando las posibilidades de realizar políticas conjuntas en las áreas de ciencia, tecnología y desarrollo productivo, coordinar esfuerzos en materia de formación de recursos humanos o diseñar estrategias comunes en materia de captación de IED. Asimismo, la integración abriría espacios más amplios de cooperación e interacción entre las empresas de los países de la región, así como entre ellas y las universidades e institutos de ciencia y tecnología (CyT) allí localizados.

Sobre estas bases, el objetivo de este trabajo es, en primer lugar, presentar un diagnóstico breve de las principales características y problemas del sistema nacional de innovación en la Argentina y, en segundo lugar, examinar algunas cuestiones relativas al impacto del Mercosur sobre el SNI en nuestro país, para luego discutir en qué medida una interacción más profunda con los socios del bloque, y en particular con Brasil, podría ayudar a resolver algunos de los problemas importantes que enfrenta el SNI de la Argentina.

El trabajo se organiza del siguiente modo. Primero, se presenta brevemente el marco teórico. Luego, se hace un diagnóstico de la actual situación del SNI en la Argentina, enfatizando sus puntos débiles. A continuación, se evalúan algunos impactos del Mercosur desde la perspectiva del SNI en la Argentina. Finalmente, se sugieren algunos lineamientos de política tendientes a mejorar el funcionamiento del SNI y se discute en qué medida el Mercosur podría ayudar a instrumentar esas políticas.

1) El marco conceptual: una breve presentación

El concepto de "sistema nacional de innovación" —empleado por primera vez por Freeman (1987)— ha conocido una rápida difusión y ha sido objeto de distintas aproximaciones (ver Nelson, 1993; Lundvall,

1992 y Edquist, 1997). Siguiendo a Lundvall, un SNI comprende a todos los agentes y elementos que contribuyen al desarrollo, introducción, difusión y uso de innovaciones. En este enfoque, la innovación y el cambio tecnológico no son sólo una cuestión de las universidades o los laboratorios de IyD, sino que surgen de procesos complejos en los cuales intervienen empresas, institutos de investigación, el sistema educativo, el aparato financiero, los trabajadores, etc. La clave está, entonces, en cómo se relacionan e interactúan estos distintos agentes como elementos de un sistema colectivo de creación y uso del conocimiento, que, a su vez, tiene una influencia determinante sobre las posibilidades que tiene un país para alcanzar un crecimiento sostenido de su economía.

Si bien los SNI pueden funcionar con mayor o menor grado de articulación, ser más o menos efectivos, tener más o menos presencia estatal, depender en diversos grados de insumos científico-tecnológicos externos, etc., en todo país existe un SNI, cuya configuración influye de forma decisiva sobre el respectivo proceso de desarrollo económico. A la vez, si bien una parte de los SNI puede obedecer a un diseño "consciente" de la sociedad, otra, generalmente muy importante, tiene un carácter espontáneo, o resulta de la dinámica generada por interacciones y procesos económico-sociales que no están directamente vinculados con la ciencia y la tecnología.

El enfoque de SNI aún se encuentra en un estadio conceptualmente difuso y puede ser considerado como un marco conceptual más que como una teoría formal. En parte por lo embrionario de los desarrollos teóricos vinculados a estas cuestiones y en parte por la propia complejidad del tema, resulta muy difícil medir y comparar la *performance* de distintos SNI. Asimismo, no existe un "ideal" de SNI; diferentes sistemas pueden desarrollar modos de innovación específicos que, sin embargo, den lugar a senderos de desarrollo igualmente exitosos. Como señala Albuquerque (1997), lo que destacan los análisis sobre SNI es su diversidad, la cual es producto de diferentes condiciones históricas e institucionales, así como de distintas trayectorias tecnológicas nacionales. Tampoco surgen recomendaciones válidas universal y ahistóricamente respecto de "cuánta" ciencia básica hacer, o qué sectores son mejores para especializarse, o cómo organizar las actividades de innovación, etc.

De todos modos, hay algunas lecciones que surgen de este enfoque que son útiles para analizar el desempeño de los distintos SNI:

- La innovación tiene su epicentro en la firma productora de bienes y servicios. Sin embargo, los procesos innovativos no son realizados, en general, por agentes aislados, sino que involucran diferentes clases de relaciones entre firmas (por ej., clientes-proveedores), o entre aquéllas y las universidades o los institutos de IyD, etc. La *performance* innovativa de un país depende, entonces, de cómo estos diferentes actores se relacionan entre sí como elementos de un sistema colectivo de creación y uso de conocimiento que se enmarca, a su vez, en contextos sociales, institucionales y organizacionales específicos.

- Es crucial distinguir información de conocimiento. Mientras que algunas porciones de conocimiento pueden ser transferidas fácilmente —se convierten en información—, otras están incorporadas (*embodied*) en agentes colectivos o individuales y son de naturaleza más bien tácita[7]. Así, las tecnologías tienen muchas veces un carácter tácito e involucran el dominio de habilidades (*skills*), alcanzadas mediante procesos de aprendizaje; por consiguiente, tienden a adquirir un carácter acumulativo y específico a los agentes que las poseen. En consecuencia, aun cuando distintas firmas puedan acceder al mismo conjunto de tecnologías, no necesariamente las emplearán con el mismo grado de eficiencia.

- Las instituciones[8] juegan un rol central en la dinámica del SNI, ya que brindan un marco para la interacción de los agentes económicos y determinan el esquema de incentivos que enfrentan aquéllos. A su vez, dicho esquema de incentivos es el determinante básico de los retornos esperados de la adquisición de diferentes clases de conocimiento (North, 1993). Así, más que pensar, por ejemplo, si existen o no empresarios "schumpeterianos", importa analizar si el marco institucional vigente genera o no incentivos para que la búsqueda de ganancias se haga de modo "schumpeteriano" (vía innovación) o por otras vías.

- La estructura productiva también influye decisivamente sobre el ritmo y características del proceso de cambio tecnológico. Lo que una

---

[7] Por conocimiento tácito entendemos aquel que una persona u organización tiene almacenado y es capaz de utilizar por sí misma, pero que resulta difícil o imposible de ser transmitido en forma codificada y explícita.

[8] Siguiendo a North (1993), definimos instituciones como las "reglas de juego" vigentes en una sociedad, incluyendo tanto normas formales (sistemas políticos y legales, derechos de propiedad, estructura de contratos, etc.) como informales (creencias, valores, costumbres, tradiciones culturales, etc.).

nación "pueda hacer" dependerá, en gran medida, de lo que actualmente "está haciendo" (hay *path-dependency*), ya que la estructura productiva abre oportunidades y determina senderos de avance del progreso tecnológico. Así, la especialización productiva actual de un país afectará su potencial de desarrollo económico –i.e., los países que se especializan en actividades con mayor potencial tecnológico y que generan derrames (*spillovers*) más significativos tenderán a exhibir, en el largo plazo, una mejor *performance* de crecimiento (UNCTAD, 1999).

- Las actividades de innovación están sujetas a una fuerte incertidumbre (Kline y Rosenberg, 1986). Aun la elección de tecnologías ya existentes es afectada por la incertidumbre, ya que, en general, no existe un conjunto bien definido de opciones tecnológicas, ni tampoco es posible evaluar *ex ante* cómo funcionarán esas tecnologías en contextos distintos a aquellos en las que fueron creadas. Por ende, la inestabilidad macroeconómica y/o institucional — característica de la mayor parte de los países en desarrollo— puede afectar el ritmo de los procesos de generación y difusión de conocimientos, al introducir una dosis adicional de incertidumbre sobre los retornos futuros esperados de esas actividades.

- Como se dijo más arriba, los procesos exitosos de desarrollo tardío se han basado, especialmente en sus inicios, sobre la importación, adaptación y posterior mejora de tecnologías disponibles en los países avanzados. Sin embargo, para cerrar la brecha con los países desarrollados, los países en desarrollo no pueden descansar únicamente en una combinación de inversión e importación de tecnología, sino que también deben incrementar sus actividades innovativas domésticas (Fagerberg, 1988). A su vez, para aprovechar los insumos tecnológicos del exterior es preciso desarrollar "capacidades de absorción" en los países receptores —las cuales incluyen la disponibilidad de recursos humanos calificados, capacidades organizacionales al interior de las firmas, mercados de capitales eficientes y marcos institucionales que incentiven los procesos de aprendizaje. A mayor capacidad tecnológica y social acumulada en el país receptor, mayor será la eficiencia y las posibilidades de mejoras subsecuentes en las tecnologías que se importen (Dahlman y Nelson, 1993).

Por cierto, hemos hecho meramente una presentación muy sucinta de las principales características del enfoque de sistema nacional de innovación. Creemos, sin embargo, que lo dicho es un buen punto de partida para aplicar los conceptos mencionados en esta sección al análisis del caso argentino, y el impacto del Mercosur.

2) El SNI en la Argentina: principales características[9]

Naturalmente, la complejidad del tema merecería un análisis mucho más exhaustivo que el aquí posible dadas las restricciones de tamaño del presente trabajo. En este contexto, lo que queremos es, simplemente, enfatizar las que, a nuestro juicio, son las principales características —y deficiencias— que exhibe el SNI en la Argentina al presente.

Como ya vimos en la introducción de este trabajo, el gasto doméstico en IyD es relativamente bajo en la comparación internacional, al igual que el nivel de participación privada en la financiación y ejecución de dicho gasto. Si consideramos el gasto en innovación en un sentido amplio, también la Argentina aparece en un lugar rezagado en la comparación internacional.

Ahora bien, la baja participación privada en el gasto en IyD o los volúmenes relativamente reducidos de los gastos en innovación en la Argentina poco tienen que ver, a nuestro juicio, con problemas "genéticos" del empresariado local (argumento expresado en la frase tantas veces escuchada "en la Argentina no hay empresarios schumpeterianos"), ni con que las firmas argentinas "desconozcan" el valor de la innovación (otra frase hecha que se suele repetir en los foros dedicados a analizar esta temática).

Los empresarios, aquí y en cualquier otro lugar del mundo, tienen como principal objetivo el ganar dinero: si ese objetivo lo materializan innovando, compitiendo, especulando, importando, haciendo *lobby*, estableciendo *carteles* o formando *mafias* es algo que estará determinado por el contexto institucional y económico vigente en cada sociedad y por cómo ese contexto premia/castiga determinadas conductas empresarias. A su vez, los grupos empresarios "ganadores" de ese juego pretenderán mantener el marco institucional vigente, lo cual puede ser bueno si dicho marco favorece la búsqueda de ganancias vía innovación o competencia y malo si impulsa actividades de tipo improductivo (e.g. *lobby*) o destructivo (e.g. *mafias*).

---

[9] Para un análisis más profundo de esta temática, ver López (2007).

Si comprobamos entonces que las firmas locales dedican una porción pequeña de sus ingresos a actividades de innovación, la pregunta debería ser ¿qué clase de conductas empresarias esperaríamos encontrar en un país en el cual los índices de volatilidad económica y fragilidad institucional son altísimos[10], la probabilidad de ocurrencia de una crisis elevada[11] y los cambios en las reglas de juego frecuentes[12]? Se nos podría decir que esos problemas son producto justamente de los comportamientos de la *elite* empresaria, y ciertamente esos comportamientos tienen una influencia notable sobre la marcha general de ésta y cualquier otra economía del mundo. Sin embargo, hay un paso muy largo desde esa afirmación, a hacer de la *elite* un *deus ex machina* que nos permite explicar el origen de aquellos serios problemas estructurales que han caracterizado el funcionamiento de la economía —y la sociedad— argentinas en las últimas décadas.

La recurrencia de las crisis económicas, la fragilidad institucional o la inestabilidad política son hechos que obedecen a un conjunto de causas mucho más complejas que la voluntad de la *elite* empresaria, y que remiten a factores locales –e.g. regímenes de política económica inconsistentes o erróneos diseños institucionales-, que interactúan con eventos ocurridos en la arena internacional —e.g., crisis de la deuda en 1982 ó crisis sistémicas en los mercados emergentes en los 90.

No se trata, entonces, de "exculpar" a los empresarios y sugerir que la patria "contratista", el salvataje de deudas, la búsqueda de devaluaciones, las maniobras de cartelización de mercados y las prácticas monopólicas o la acumulación de activos financieros en el exterior nunca existieron. Como ya dijimos, esas conductas simplemente nos muestran que los empresarios tienen como objetivo ganar dinero. No necesitamos, en consecuencia, suponer que nuestra burguesía tiene objetivos, racionalidades o éticas diferentes a sus pares de otros países.

---

[10] En un *ranking* de volatilidad del "índice de libertad económica" publicado por el Instituto Fraser para el período 1970-1999, la sArgentina se ubicaba como el séptimo país más volátil en una muestra de 106 países (Spiller y Tommasi, 2003).

[11] Entre 1950 y 1974, la probabilidad de que tuviera lugar una depresión en la Argentina estaba más o menos en línea con la correspondiente a los países en desarrollo -21%-. Entre 1975-2001, en cambio, esta probabilidad aumentó a 52% (Fanelli, 2002).

[12] Desde 1963 a 2001 hubo diecinueve regímenes diferentes de política económica, que usualmente implicaron cambios fuertes desde la "heterodoxia" a la "ortodoxia" y viceversa (Arza, 2005).

Las conductas empresarias observadas en la Argentina se han modelado gradualmente en el contexto de la industrialización sustitutiva de importaciones, de forma tal que fueron adquiriendo rasgos funcionales a un ambiente caracterizado por la incertidumbre, los cambios en las reglas de juego, los periódicos movimientos masivos de redistribución de ingresos en momentos de crisis y la existencia de fuentes de rentas no innovativas —varios de estos problemas, lejos de mejorar, se acentuaron del 76 en adelante[13].

A partir de 1976 y hasta 1990, el "ambiente selectivo" generalmente no premió a las "mejores" conductas empresarias, si por mejores entendemos aquellas que suponen competir de acuerdo con innovación tecnológica, productividad, calidad, etc. Es natural, entonces, que las firmas hayan desarrollado capacidades para sobrevivir en un contexto donde eran otros los determinantes de su éxito o fracaso —e.g., su flexibilidad para adaptarse a cambios en las reglas de juego o a los avatares de la macro, desarrollar capacidades de innovación en materia de técnicas de especulación financiera o perfeccionar los mecanismos de vinculación con el aparato estatal.

En la década pasada, las empresas se vieron súbitamente expuestas a nuevas reglas de juego —apertura, desregulación, privatización, etc.— (en el marco de la "globalización"), y al pasaje de la incertidumbre "macro" de corto plazo, a la incertidumbre "estratégica" de mediano y largo plazo (Dal Bó y Kosacoff, 1998). Así, resulta entendible que la evidencia nos muestre que: i) la adaptación de las firmas al nuevo escenario fue gradual y no instantánea; ii) sus reacciones y desempeños fueron diversos —y más o menos exitosos, yendo desde quiebras, achicamientos y transformaciones de productores a importadores, hasta procesos de modernización productivo/tecnológica y apertura exportadora—, tanto en función de las capacidades y aprendizajes desarrollados previamente, como de los diferentes límites/oportunidades que el nuevo entorno ponía/abría para los distintos sectores empresarios; iii) en muchos casos se resistieron a perder sus fuentes de rentas, o intentaron reemplazarlas por otras nuevas (ver López, 2006).

---

[13] Así, Fanelli (2004), refiriéndose a las estrategias de los agentes económicos durante los episodios de crisis macro en décadas recientes, señala: "es lo que habían aprendido a hacer en toda la posguerra. Usar las crisis para violar derechos de propiedad e inducir redistribuciones de ingreso marcadas" (p. 30).

En suma, las conductas y actitudes de las empresas argentinas hacia las actividades de innovación son resultantes de un proceso histórico complejo y, dado que hay una "memoria histórica" (o *path-dependence*) difícil de cambiar de manera instantánea, cualquier modificación en ese plano tomará tiempo y dependerá asimismo de la propia evolución de la economía y las instituciones locales.

Ahora bien, lo interesante es que algunos estudios recientes (Chudnovsky *et al*, 2006 a y b), empleando técnicas econométricas rigurosas y utilizando información proveniente de algunas encuestas de innovación llevadas adelante en el país en los últimos años (INDEC- -SECYT, 1998; INDEC-SECYT-CEPAL, 2003), muestran que, más allá de la caracterización general realizada más arriba, la "microeconomía" de la innovación es bastante más compleja y rica de lo que mucha gente supone.

Previsiblemente, los hallazgos de dichos trabajos sugieren que las grandes firmas son más proclives a realizar actividades de innovación y a lanzar innovaciones al mercado. Lo mismo ocurre con las firmas que emplean más personal calificado y están más orientadas a la exportación. Lo interesante es que los trabajos mencionados muestran que realizar actividades de innovación (incluyendo tanto IyD *in house* como adquisición de tecnología tangible e intangible) aumenta la probabilidad de convertirse en innovador. Los esfuerzos continuos de IyD tienen, además, un impacto considerablemente mayor sobre la probabilidad de obtener un producto innovador que los gastos discontinuos. A su vez, los innovadores —i.e., las firmas que introdujeron productos y/o procesos nuevos o radicalmente modificados para ellas aunque no necesariamente para el país o el mundo— tuvieron un mejor desempeño que los no innovadores en materia de productividad laboral. Innovar también tuvo un impacto positivo sobre la probabilidad y magnitud de la actividad exportadora.

De la evidencia comentada surge entonces que, aunque la magnitud de los recursos asignados es muy pequeña en la comparación internacional, un grupo incipiente pero relevante de firmas considera a las actividades de IyD como parte de sus rutinas empresarias. Los hallazgos resumidos antes sugieren, además, que lo hacen por buenas razones microeconómicas, ya que ese insumo contribuye a transformarlas en innovadoras y a mejorar su productividad.

En otras palabras, desarrollar actividades de innovación "ha pagado" en el caso argentino en términos microeconómicos. La pregunta es, entonces, si hacer IyD e innovar tiene sentido desde el punto de vista de la *performance* empresaria, ¿por qué no hay más firmas gastando dinero en esas actividades, o por qué las que lo hacen no asignan más recursos a esos fines?

Parte de la respuesta, por cierto, surge de lo comentado más arriba respecto de la evolución histórica de las conductas empresarias en la Argentina. Pero hay otros factores en juego ciertamente. Por un lado, la presencia de diversos tipos de fallas de mercado y otros obstáculos que dificultan el desarrollo de actividades de innovación, incluyendo notoriamente los problemas de acceso al financiamiento (que afectan fundamentalmente a las PyMEs, pero también juegan en contra del crecimiento de las empresas de base tecnológica), el tamaño y estructura del mercado local[14], las carencias e indivisibilidades en materia de capital humano y los débiles vínculos entre el sector privado y el sistema de ciencia y tecnología, entre otros (más abajo volvemos sobre algunos de estos temas).

Por otro lado, también debe considerarse el hecho de que hay una fuerte presencia de filiales de empresas transnacionales (ET) en la economía argentina —en 2003 más del 80% del valor agregado generado por las quinientas mayores firmas argentinas era aportado por filiales de ET, según datos del INDEC—, cifra notablemente más alta que la observada en cualquier período histórico previo en el país y que aproxima el caso argentino a aquellas economías con mayor presencia de firmas extranjeras en todo el mundo —como Singapur, Irlanda o Hungría.

Naturalmente, la presencia masiva de ET puede generar efectos positivos sobre una economía receptora. Si nos centramos en aquellos más directamente vinculados con el tema bajo examen en el presente trabajo, diremos que las filiales de ET gozan de "ventajas de propiedad" derivadas del acceso a las tecnologías de producto y de proceso y las prácticas organizacionales, productivas, comerciales y ambientales de sus casas matrices (Dunning, 1993). Así, dichas filiales —en particular cuando se instalan en países en desarrollo— generalmente tienen, *vis a vis* sus competidores locales, una mayor productividad y una superior capacidad de lanzar nuevos productos y procesos productivos al mercado.

Sin embargo, como ha sido abundantemente ilustrado en la literatura recibida sobre el tema, no siempre las filiales de ET operan con tecnologías "estado del arte" en los países receptores, especialmente cuando estos últimos son países en desarrollo. Asimismo, aunque esto está comenzando a cambiar (ver UNCTAD, 2005), las ET prefieren centrali-

---

[14] Las encuestas de innovación realizadas en la Argentina muestran que los problemas de financiamiento y tamaño de mercado son, en la percepción de las firmas, los principales obstáculos para las actividades de innovación.

zar las actividades de IyD en sus casas matrices y raramente llevan adelante dicho tipo de actividades en sus filiales en la periferia, con lo cual puede (y suele) haber una desvinculación entre su capacidad de competir vía innovación en los mercados receptores y la actividad innovativa que desarrollan en dichos mercados.

Más allá de los efectos directos de la IED, también importan los efectos indirectos, esto es, aquellos que recaen sobre las empresas de capital nacional. En el caso de la productividad, por ejemplo, podrían surgir "derrames" (*spillovers*) positivos para las firmas de los países receptores, que se manifestarían por distintas vías:

- El mejoramiento del capital humano mediante la eventual disponibilidad para las firmas o instituciones locales de operarios, técnicos e ingenieros, capacitados por las filiales en actividades de producción, comercialización y/o innovación.
- El ingreso de nuevas ET o el aumento en la competitividad de las filiales ya instaladas puede elevar el nivel de competencia en el mercado doméstico e inducir a las firmas locales que compiten con las extranjeras a elevar su productividad y/o a mejorar la calidad de sus productos (sea realizando inversiones y/o beneficiándose de "filtraciones de conocimiento" desde las filiales) —i.e. derrames "horizontales" o intra-sectoriales.
- Las firmas locales pueden beneficiarse de las tecnologías y prácticas organizacionales de las ET, a través de los mayores requerimientos de calidad, precio y/o plazo de entrega que las filiales suelen exigir a sus proveedores y de la eventual asistencia técnica que les brinden para satisfacer dichos requerimientos —i.e. derrames "verticales" o inter-sectoriales.

Mientras que las filiales de ET tendrían incentivos para evitar los derrames "horizontales", podrían verse estimuladas a promover los derrames verticales o inter-sectoriales. Este tipo de derrames probablemente no perjudique a las ET, y eventualmente podría beneficiarlas en la medida en que vuelva más productivos y eficientes a sus clientes y/o proveedores (Kugler, 2000).

Sin embargo, los derrames, o efectos indirectos, no siempre serán positivos. Por ejemplo, pueden aparecer derrames de productividad negativos cuando las firmas domésticas se ven forzadas a reducir su producción —y esto lleva a una menor productividad en sus establecimientos— ante la creciente presencia en el mercado de firmas extranjeras

(Aitken y Harrison, 1999). Los derrames verticales negativos, en tanto, pueden aparecer cuando, por ejemplo, los proveedores locales son desplazados del mercado como consecuencia de un sesgo de las filiales en favor de proveedores extranjeros (ver Gorg y Greenaway, 2004, y Chudnovsky *et al*, 2006c, para sendos *surveys* acerca de la heterogénea y contradictoria evidencia sobre derrames de la IED).

A la luz de estas consideraciones, cabe preguntarse cómo ha afectado al SNI en la Argentina la masiva presencia de filiales de ET, que si bien ya era alta desde la etapa sustitutiva de importaciones, fue reforzada por el masivo *boom* de IED observado en la pasada década. Algunos trabajos recientes generan un conjunto de hallazgos relevantes en ese sentido.

Por un lado, según un panel de firmas manufactureras con datos para el período 1992-2001, se constata que las filiales de ET exhiben mayores niveles de productividad que las firmas nacionales. No hay evidencia acerca de la existencia de derrames positivos ni negativos derivados de la presencia de ET para las firmas domésticas —esto es válido tanto para los derrames horizontales como para los verticales. Sin embargo, las firmas nacionales que poseen altas capacidades de absorción —medidas a través de un indicador que combina variables vinculadas a capital humano, actividades de innovación y uso de técnicas modernas de gestión— se encuentran en mejores condiciones para recibir derrames positivos de la presencia de ET que aquellas con bajas capacidades de absorción (Chudnovsky *et al.*, 2006 c).

Asimismo, otro estudio muestra que las firmas adquiridas por inversores extranjeros tenían una mayor probabilidad de introducir nuevos productos o procesos al mercado *vis a vis* las firmas locales. A la vez, las firmas locales proveedoras de ET innovan más que sus pares –esto supondría que para ser proveedora de una ET es preciso adoptar nuevas tecnologías de producto y/o proceso. Sin embargo, la adquisición de firmas locales por ET no impactaba sobre el nivel de gastos en IyD ni tampoco se registraban derrames horizontales o verticales en ese plano hacia las firmas nacionales (Chudnovsky *et al*, 2007a). Estos hallazgos van en el mismo sentido de lo expresado más arriba —las filiales de ET pueden ser más innovadoras debido al conocimiento que reciben desde el resto de la corporación.

A su vez, la IED en la Argentina, salvo algunas excepciones recientes observadas en el sector de software y servicios informáticos (ver López y Ramos, 2006), no ha sido atraída a sectores intensivos en conocimiento y sus objetivos para operar en la Argentina han estado vinculados esencialmente a la explotación del mercado interno o la búsqueda de recursos naturales, mucho más que a ganar competitividad global para exportar (Chudnovsky y López, 2006).

En suma, otra de las razones que están detrás del bajo nivel de gastos en IyD es la fuerte presencia de filiales de ET. Si bien hubo un proceso de modernización tecnológica, tanto a nivel de productos como de procesos, gracias al masivo ingreso de IED en los últimos años, ello no fue producto de esfuerzos innovativos realizados localmente. A la vez, esa modernización generó escasos derrames para las firmas locales, aunque con dos excepciones notables —las empresas con capacidades de absorción elevadas y los proveedores de las ET— que sugieren la relevancia de examinar las conductas y desempeños empresarios haciendo hincapié en la heterogeneidad de capacidades, objetivos y vinculaciones de las firmas.

Una razón adicional que tiene fuerte incidencia sobre el escaso nivel de gastos en IyD en la Argentina tiene que ver con la conformación de la estructura productiva. En efecto, como se ve en el cuadro 2, en el país hay una escasa presencia de sectores "difusores de conocimiento" —que incluyen, entre otras, a las industrias de maquinaria, electrónica e instrumental— y, más aún, el peso de esos sectores en la estructura productiva bajó en los últimos treinta años. Justamente, estas actividades son las que, a nivel internacional, presentan mayores niveles de gastos en IyD respecto de ventas o valor agregado.

Cuadro 2. Composición de la estructura industrial. Comparación internacional, 1970-2000 (%)

Países	Cambio estructural		
	Sectores intensivos en:	1970	2000
Argentina	1.-Recursos Naturales	54,8	69,9
	2.- Mano de Obra	22,6	15,4
	3.-Difusión conocimiento	22,7	14,7
Brasil	1.-Recursos Naturales	46,0	47,7
	2.- Mano de Obra	32,0	20,8
	3.-Difusión conocimiento	22,0	31,4
Chile	1.-Recursos Naturales	61,7	67,5
	2.- Mano de Obra	21,8	20,5
	3.-Difusión conocimiento	16,6	12,0
Colombia	1.-Recursos Naturales	51,0	59,7
	2.- Mano de Obra	34,0	27,6
	3.-Difusión conocimiento	15,0	12,7

Países	Cambio estructural		
	Sectores intensivos en:	1970	2000
México	1.-Recursos Naturales	50,0	43,7
	2.- Mano de Obra	29,8	21,6
	3.-Difusión conocimiento	20,2	34,7
Perú	1.-Recursos Naturales	57,5	60,7
	2.- Mano de Obra	31,4	34,0
	3.-Difusión conocimiento	11,1	5,2
Uruguay	1.-Recursos Naturales	56,7	69,6
	2.- Mano de Obra	32,3	21,1
	3.-Difusión conocimiento	11,0	9,3
Australia	1.-Recursos Naturales	37,9	40,5
	2.- Mano de Obra	22,5	21,7
	3.-Difusión conocimiento	39,6	37,8
EE.UU.	1.-Recursos Naturales	36,0	22,4
	2.- Mano de Obra	23,9	17,4
	3.-Difusión conocimiento	40,1	60,2
Filipinas	1.-Recursos Naturales	84,5	59,8
	2.- Mano de Obra	11,6	11,6
	3.-Difusión conocimiento	3,9	28,5
Finlandia	1.-Recursos Naturales	52,0	40,4
	2.- Mano de Obra	24,2	13,2
	3.-Difusión conocimiento	23,8	46,4
India	1.-Recursos Naturales	39,2	40,0
	2.- Mano de Obra	35,2	23,5
	3.-Difusión conocimiento	25,6	36,5
Malasia	1.-Recursos Naturales	51,0	35,2
	2.- Mano de Obra	13,9	9,4
	3.-Difusión conocimiento	16,1	55,3
Corea	1.-Recursos Naturales	59,3	28,5
	2.- Mano de Obra	29,9	8,6
	3.-Difusión conocimiento	10,7	63,0
Singapur	1.-Recursos Naturales	46,6	17,1
	2.- Mano de Obra	19,3	17,6
	3.-Difusión conocimiento	34,1	65,4
Taiwán	1.-Recursos Naturales	42,7	38,0
	2.- Mano de Obra	32,6	14,6
	3.-Difusión conocimiento	24,7	47,3

Fuente: Cimoli *et al* (2005).

Pero el problema de la estructura productiva va más allá de su impacto sobre el nivel de gastos en IyD. Como se dijo en la sección previa, desde enfoques neo-schumpeterianos o "evolucionistas" se ha argumentado que existe una relación estrecha entre patrones de especialización y crecimiento poniendo el eje en la dinámica del cambio tecnológico. La transformación de las estructuras productivas —y de comercio— hacia sectores con un rápido ritmo de innovación aparece, entonces, como un objetivo deseable para los PED que tratan de converger hacia la frontera de ingresos (Dosi *et al*, 1990)[15].

Así, tal como lo resumen Cimoli *et al* (2006), desde esta perspectiva, *"convergence or divergence ... may depend on whether openness is complemented by local efforts of technological learning and on the adoption of policies favoring a more dynamic specialization pattern"* (p. 4). En el mismo sentido, Ocampo (2005) señala que la incapacidad de solventar los costos de entrada a nuevas actividades productivas puede bloquear el proceso de desarrollo.

Si bien han sido muchos los trabajos destinados a intentar probar, de manera empírica, el vínculo entre patrón de especialización y crecimiento, nos interesa mencionar, por su reciente impacto y por el uso de técnicas econométricas rigurosas, el trabajo de Hausmann *et al* (2005). Los autores abordan dicho objetivo utilizando un índice que *rankea* a los bienes según su "productividad implícita" (calculada sobre la base del promedio ponderado de los PBI *per capita* de los países que exportan cada producto). Luego, calculan la productividad promedio de las canastas exportadoras de distintos países para hallar que esa medida es un buen predictor de las posibilidades de crecimiento de un país. En otras palabras, se trata de una de las primeras corroboraciones empíricas robustas del argumento que sugiere que hay un vínculo causal entre patrón de especialización y crecimiento. Una reciente aplicación de esta metodología al caso argentino muestra que el país exporta bienes de "baja productividad" (en la jerga de Haussman *et al*), lo cual no auguraría buenas posibilidades de crecimiento futuro (Guerson *et al*, 2006).

Si bien las causas de la baja presencia de sectores difusores de conocimiento en la economía argentina son variadas, cabe destacar que desde

---

[15] Tal como lo señala Freeman (1994): *"economic growth is not merely accompanied by fast-growing new industries and the expansion of such industries; it primarily depends on that expansion"* (p. 79).

1976 en adelante los programas de apertura afectaron particularmente a dicho tipo de sectores. Pero también hay que tener en cuenta que la inestabilidad institucional y económica que caracterizó al país en las últimas décadas también pueden ser factores explicativos relevantes.

Por un lado, la inestabilidad, al aumentar los costos de transacción[16] —en particular, haciendo más compleja la negociación de contratos (y aumentando la frecuencia de renegociación de los mismos)— puede afectar con mayor intensidad a los sectores que utilizan procesos productivos separables, que son contractualmente "densos", y en menor medida a las ramas que emplean procesos de ciclo continuo —contractualmente "poco densos". Estos últimos corresponden, en general, a industrias que fabrican bienes relativamente homogéneos —y usan insumos con similares rasgos— y donde la incertidumbre tecnológica está acotada, en tanto que las características del equipamiento definen en gran medida el tipo de producto a obtener. En cambio, los primeros —un ejemplo claro es la metalmecánica— se basan en procesos productivos que incluyen una gran cantidad de fases tecnológicamente independientes y la incorporación de muchos componentes heterogéneos, para obtener bienes de mucho menor nivel de estandarización que en las industrias de ciclo continuo (Donato, 1996); diseñar, ejecutar y monitorear contratos es mucho más difícil en esta situación, dado el ambiente de incertidumbre, la necesidad de invertir en activos específicos y el espacio que se abre para las conductas oportunistas.

Complementariamente, siguiendo a Fanelli y Frenkel (1996), en países que han atravesado períodos extensos de inestabilidad y en los cuales —en gran medida por esa misma inestabilidad— los mercados de capital de largo plazo son inexistentes o estrechos, las firmas que sobreviven no son necesariamente las más capaces para asignar eficientemente recursos o para innovar, sino las que están en ramas que son menos afectadas por las fallas o el carácter incompleto del mercado financiero. Esas ramas suelen ser las de tipo capital intensivas y cuyos ingresos son previsibles —en tanto no están atados fuertemente al ciclo económico ni se hallan sujetos a riesgos tecnológicos importantes. En esas condiciones, las firmas que operan en esos sectores pueden aumentar más su coeficiente de deuda sin producir grandes saltos en sus índices de riesgo

---

[16] Los costos de transacción pueden ser definidos, en pocas palabras, como aquellos costos derivados de "usar el mercado", esto es, realizar una determinada transacción con un tercero en lugar de "internalizarla".

financiero. Las empresas que operan en ramas donde el ritmo de cambio tecnológico es rápido —así como las que usan técnicas trabajo intensivas o cuya demanda es altamente sensible al ciclo macroeconómico— serían, en contraste, las más perjudicadas por ese tipo de ambiente macro.

Tanto el argumento de costos de transacción como el de riesgos financieros apuntan en la misma dirección: el tipo de estructura productiva que se desarrolla en un país no es únicamente una resultante de las señales de precios que envía el mercado y las acciones de política pública que pueda adoptar el gobierno, sino también del ambiente macro. Claramente, las industrias intensivas en conocimiento, de rápido ritmo de cambio tecnológico y/o que dependen de una red densa de interacciones entre usuarios y proveedores, están entre las principales afectadas por un entorno macroeconómico volátil y un sistema financiero subdesarrollado.

Finalmente, hemos hecho hincapié, a lo largo de este trabajo, en la relevancia de los vínculos e interacciones entre los agentes que conforman un SNI como factor determinante de la *performance* tecnológica de un país. En este punto, digamos que, como está bien documentado en la literatura recibida sobre el tema, en la Argentina la extensión y el funcionamiento de las "redes de conocimiento" es muy débil. Esto es producto, por un lado, de la debilidad de las cadenas productivas, que, entre otras cosas, limita el desarrollo de los procesos de aprendizaje interactivo. Asimismo, dentro de las cadenas hay evidencia de que son escasos los ejemplos de sistemas en los que las ventajas competitivas se basen en procesos de generación y circulación de información y conocimiento (Yoguel y Fuchs, 2003).

Un aspecto crucial en este sentido pasa por las vinculaciones entre las firmas y los organismos que realizan actividades de CyT. Como ya vimos en la introducción, la *performance* argentina en materia científica es muy superior a su desempeño tecnológico en los mercados internacionales. Esto es, en gran medida, consecuencia de una larga desvinculación entre el complejo de CyT y los objetivos de desarrollo económico y tecnológico, que se remonta hasta los orígenes de dicho complejo. En este escenario, no sorprende que, según los datos que surgen de las encuestas de innovación antes mencionadas, las universidades y los organismos de CyT aparezcan *rankeados* entre las fuentes menos relevantes de información tecnológica para las firmas industriales y que los vínculos entre ambos sectores sean débiles (López, 2007).

Sin embargo, los impactos de la cooperación no dejan de ser positivos. Chudnovsky *et al* (2004), sobre la base de ejercicios econométricos, encuentran que los acuerdos de cooperación de las firmas industriales con otros agentes domésticos no tienen impacto sobre el esfuerzo innovador de las firmas, pero la cooperación con fuentes externas muestra un impacto positivo, especialmente la vinculación con proveedores extranjeros. En relación con el *output* innovativo (esto es, el lanzamiento o adopción de innovaciones de producto o de proceso), los autores observan que los acuerdos de cooperación tienen un impacto heterogéneo: las relaciones con organismos de investigación, proveedores y otras firmas (en este caso no se distingue entre fuentes externas y domésticas) tienen un efecto significativo, pero sólo sobre la probabilidad de lanzar un nuevo producto y no sobre la intensidad de esa actividad —sobre la cual influye positivamente la cooperación con firmas pertenecientes al mismo grupo.

Al igual que en el caso de las actividades de innovación, la cooperación con otros agentes —aunque, según lo recién expuesto, de manera heterogénea de acuerdo con el tipo de vinculación— puede tener impactos positivos sobre la *performance* innovativa de las firmas. Hay que preguntarse, entonces, por qué los vínculos son tan débiles.

Si tomamos el caso de los organismos de CyT, por ejemplo, ha sido habitual preguntarse si la falta de vinculación con el sector privado es resultante de la reticencia de los investigadores o de la falta de interés de las empresas. Entendemos que es mejor pensar esta cuestión desde un punto de vista más estructural. En consecuencia, hay que considerar que, del lado del sistema de CyT, existen mecanismos de incentivos que no favorecen las vinculaciones[17] y que la inestabilidad de las políticas públicas probablemente llevó a que fuera sensato, para los investigadores y los organismos respectivos, no comprometerse demasiado con objetivos que podían no tener continuidad a largo plazo. Del lado de las empresas, tenemos una estructura productiva que tiene poca presencia de ramas "conocimiento-intensivas", falta de información y desconfianza sobre las posibilidades de la vinculación y débiles incentivos concretos, desde la política pública, para inducir al sector privado a cooperar con el complejo de CYT para desarrollar actividades de innovación.

---

[17] En el caso del CONICET, según la caracterización de Nívoli (1989), se trata de un organismo estructurado en función de sus propios fines ("endogenerado" y "autoevaluado"). Particularmente importante es el hecho de que hasta no hace mucho el progreso en la carrera de investigador se basaba casi exclusivamente sobre la producción de *papers* y que el organismo tiene una fuerte impronta proveniente de la lógica de las disciplinas biomédicas, en tanto que las áreas vinculadas a tecnología han estado claramente relegadas.

Los mismos problemas de (falta de) vinculaciones aparecen en el caso de la educación, acompañados también de insuficiencias tanto cuanti como cualitativas en la oferta de recursos humanos. Si bien la Argentina continúa teniendo una posición comparativamente privilegiada, entre los países en desarrollo, en términos del nivel de calificaciones de su población, es notorio que en las últimas décadas se ha observado una tendencia al deterioro de su sistema educativo. Estas tendencias se observan claramente en los resultados de varios exámenes internacionales que permiten comparar el desempeño de los estudiantes en distintos países. Particularmente preocupante en cuanto a las vinculaciones entre educación, producción y tecnología es el bajo rendimiento de los alumnos argentinos en áreas como matemática y ciencias[18]. Si bien la pérdida de calidad es en gran medida consecuencia de presupuestos escasos, también surge por deficiencias en el diseño y funcionamiento del sistema educativo en el plano institucional (Holm-Nielsen y Hansen, 2003; Llach *et al,* 1999; Decibe y Canela, 2003).

Más aún, también existen problemas de cantidad en materia de recursos humanos calificados, que se observan claramente en algunos sectores —como el de software e informática, por ejemplo— en donde al presente la principal restricción para el crecimiento parece estar por el lado de la disponibilidad de personal. Esto no es nuevo, sin embargo, ya que incluso en la etapa sustitutiva había trabajos que mostraban que había una insuficiente oferta de ingenieros y obreros de alto nivel de calificación (CEPAL, 1958; ITDT, 1962).

En gran medida, esto se vincula con un problema de elección de carreras por parte de los estudiantes. El tradicional sesgo a favor de profesiones "liberales" y en contra de las carreras relacionadas con las ciencias "duras" y la ingeniería que acompaña desde su nacimiento al sistema universitario argentino fue incluso reforzado en los 90, cuando las carreras de ciencias sociales incrementaron fuertemente su participación entre los estudiantes, en tanto cayó el peso relativo de los estudiantes de ciencias

---

[18] Un estudio reciente muestra que la Argentina está en el puesto 34 sobre 41 países estudiados en cuanto a rendimiento en matemáticas y en el puesto 37 en conocimiento científico, tomando estudiantes de tercer año de la escuela secundaria. A su vez, el nivel de dispersión de rendimiento en la Argentina es uno de los más altos entre los países incluidos —lo cual significa, en general, que los alumnos de familias pobres tienen habilidades muy inferiores al promedio— (OECD/UNESCO, 2003).

básicas y aplicadas, e incluso el número de alumnos de ingeniería bajó en términos absolutos. Así, no sorprende encontrar que en la Argentina, en comparación con otras naciones, haya una muy baja presencia de estudiantes en carreras de ingeniería y ciencias duras (gráfico 2). En paralelo, la Argentina tiene más médicos por habitantes que Canadá, EE.UU., Japón, Gran Bretaña o Nueva Zelandia, por ejemplo (PNUD, 1999).

Gráfico 2

Enrolamiento en carreras de ingeniería y ciencias naturales como porcentaje del total de estudiantes universitarios (2000 ó año más reciente)

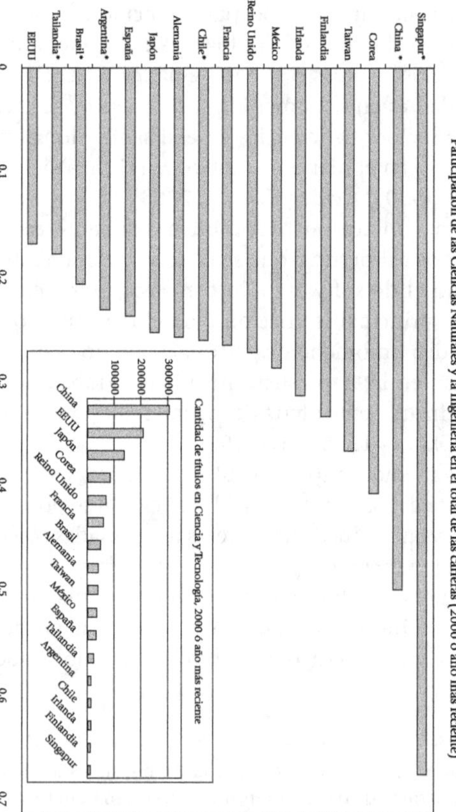

Notas:
National Science Foundation, 2004. CN&I incluyen ciencias naturales, agricultura, ciencias de la comp tación, matemática e ingeniería. Los títulos de grado en la mayoría de los países son de menos de 5 años. Sin embargo, se consideran los títulos de más de 5 años para Alemania, Italia, Portugal, Grecia y España. India no está incluida en el gráfico debido a la falta de información confiable, actualizada e internacionalmente comparable sobre graduados en ciencia e ingeniería.
*Para estos países, CN&I incluye sólo ciencias naturales (físicas, biológicas, de la tierra, de la atmósfera y del océano) e ingeniería, dado que no hay datos disponibles sobre matemática/ciencias de la computación y ciencias de la agricultura. Para China, el gráfico no incluye matemática/ciencias de la computación; sólo ciencias naturales, ciencias de la agricultura e ingeniería. En consecuencia, puede haber una subesti- mación del número total de graduados en CN&I respecto de países como EEUU o Japón.

Si bien la escasa cantidad de alumnos en carreras de ingeniería y ciencias duras es resultado de un conjunto complejo de circunstancias, entendemos que una de las causas principales tiene que ver con el antes mencionado bajo rendimiento de los alumnos en matemáticas y ciencias en los niveles primario y secundario. Ciertamente, también puede estar pesando la (en muchas ocasiones aparente) falta de oportunidades laborales (por cierto, éste no es el caso hoy en día)[19], pero debemos considerar asimismo otras cuestiones tales como falta de información sobre las reales posibilidades de obtener empleo, el hecho de que para completar una carrera en ciencias duras o ingeniería en los plazos teóricamente previstos es muy difícil trabajar en paralelo (lo cual va en contra de los estudiantes de menores recursos) o, factor que a nuestro juicio merecería estudios en profundidad, el tema de la "imagen" que las distintas carreras tienen en el imaginario social.

En cuanto a las vinculaciones, en el caso de la enseñanza secundaria —y más en particular de la educación técnica, la más directamente relacionada con el área productivo-tecnológica—, ya desde hace mucho tiempo se ha señalado en distintos estudios que, además de problemas de insuficiente calidad y escasez de recursos, la formación es deficiente desde el punto de vista del sistema productivo y no responde a las necesidades de las empresas (Fuchs, 1994). Como es conocido, esto no ha hecho más que deteriorarse en los últimos años.

El mismo problema de falta de vinculaciones con el sector productivo se da en el caso del sistema universitario. En particular, las *currículas* se relacionan poco con las necesidades del mundo productivo, hecho no extraño considerando que el sector privado raramente participa en su diseño y que las universidades no siempre tienen la voluntad o los mecanismos para tomar en cuenta ese tipo de objetivos. En este contexto, no sorprende encontrar que los *managers* argentinos, en promedio, piensan que el sistema universitario es poco relevante para las necesidades de la economía (Holm-Nielsen y Hansen, 2003).

Finalmente, el sistema educativo, más allá de algunas iniciativas recientes que tienen aún un carácter incipiente, no ha tendido a fomentar el espíritu emprendedor —de hecho, los planes de estudios de la

---

[19] Y esto no explicaría por qué la gente sigue eligiendo mayoritariamente carreras en donde en muchos momentos hubo problemas serios para conseguir empleo, como la arquitectura, por ejemplo.

mayoría de las universidades se concentra generalmente en formar alumnos para que desarrollen una carrera como "empleados" (Kantis *et al*, 2001), lo cual se ha constituido en una traba adicional al surgimiento de nuevos emprendimientos.

3) El SNI en la Argentina en el contexto del Mercosur

Es indudable que la afirmación que indica que no hay nada parecido a un sistema regional de innovación en el Mercosur no es demasiado controvertida.

Si focalizamos primero nuestro análisis en las políticas públicas, está claro que la cooperación científico-tecnológica ha sido escasa y de aún más escasos impactos concretos. Tal vez el antiguo ejemplo del Centro Argentino Brasileño de Biotecnología (CABBIO)[20] —ver Chudnovksy (1994)— constituya aún el caso más exitoso de cooperación en este ámbito.

Pero tampoco ha habido cooperación en el plano más amplio de las políticas de desarrollo productivo y tecnológico (Baruj *et al*, 2005). En este sentido, uno de los mayores déficit que puede imputarse al proceso de integración es la ausencia —o la inadecuada aplicación— de políticas e instrumentos que faciliten un proceso de mayor aprovechamiento de las ventajas relativas, diferencias de factores y/o recursos productivos entre las distintas economías de la región. Estas acciones, al menos en teoría, hubieran contribuido a crear las condiciones para elevar la competitividad del aparato productivo a nivel del Mercosur en su conjunto, mejorando tanto las posibilidades de enfrentar la competencia de los productos extra-zona como de acceder a terceros mercados.

En efecto, hasta el presente las políticas industriales o de competitividad establecidas en el Mercosur han tenido sólo alcance nacional, salvo casos excepcionales (como el del sector automotriz, que por otro lado atiende exclusivamente a cuestiones de administración del comercio, pero no avanza hacia temas de desarrollo productivo o tecnológico). Así, en la práctica, y pese al proceso integrador, el número de iniciativas regionalmente articuladas destinadas a promover la complementación productiva, el desarrollo tecnológico y el aumento de la competitividad ha sido muy escaso (CEP, 2003).

---

[20] El CABBIO, creado en 1986, se dedica fundamentalmente a impartir cursos y financiar proyectos de investigación binacionales en el área de biotecnología.

La única excepción a este respecto ha sido la creación en 2002 del Programa de Foros de Competitividad de las Cadenas Productivas del Mercosur. Esta iniciativa tiene como objeto producir diagnósticos y facilitar las discusiones y negociaciones a nivel regional entre los representantes de cada cadena, con el objeto de promover acciones cooperativas entre los diferentes eslabones ubicados en las economías del Mercosur. Sin embargo, tras el lanzamiento formal de estos foros, no se observaron avances concretos en su funcionamiento, pese a la voluntad política expresada por los gobiernos de los países de la región en el sentido de privilegiar la constitución de cadenas productivas regionalmente integradas —hasta la fecha, la única cadena que se ha conformado es la de madera y muebles.

En suma, el Mercosur ha realizado escasos avances en el aprovechamiento de las economías de escala y especialización que la integración prometía (Chudnovsky y Porta, 1990), y en el desarrollo de nuevas actividades industriales diferenciadas y/o de mayor valor agregado relativo, a la vez que se han desaprovechado oportunidades para mejorar conjuntamente —a escala regional—, la competitividad de los sectores productivos y se ha abierto la puerta para un gran número de conflictos entre los países miembros en los sectores llamados "sensibles".

En este contexto, no sorprende encontrar que para una gran cantidad de sectores manufactureros en los cuales predominan PyMEs el proceso de integración —en una dinámica de simultánea apertura comercial— planteó desafíos muy complejos. Así, los mayores conflictos al interior del Mercosur se han dado, en general, en sectores en los que las empresas transnacionales están mayormente ausentes (como calzados o textiles), ya que allí las fuerzas del mercado no fueron capaces de articular respuestas "ofensivas" ni de estimular la aparición de mecanismos de complementación y especialización por parte de las firmas involucradas (López y Laplane, 2004).

Entre las causas citadas para explicar este fenómeno se encuentran la reducida disposición de las firmas de la región hacia iniciativas de cooperación inter-empresarial, el débil apoyo institucional para estos fines (Maggi y Meyer-Stammer, 2000), las estrategias predominantemente defensivas que han primado en los acuerdos firmados en el Mercosur tras su creación (Yoguel, 1996), el ya mencionado alcance acotado a la órbita nacional de las políticas industriales o de competitividad implementadas y el escaso número de iniciativas regionalmente articuladas destinadas, a promover la complementación productiva y el aumento de la competitividad (López y Laplane, 2004).

Guillermo Rozenwurcel / Carlos Gianella / Gabriel Bezchinsky / Hernán Thomas

Finalmente, dado que tanto la Argentina como Brasil han sido fuertes receptores de IED en los últimos años, que las ET tienen una extendida presencia en ambas economías y que el proceso de integración ha favorecido una reorganización de las estrategias de dichas firmas para aprovechar las nuevas oportunidades ofrecidas por el mercado ampliado, es relevante conocer acerca de los impactos de dichos cambios desde el punto de vista del SNI en nuestro país.

En este sentido, es importante tener en cuenta que entre 1991 —año de creación del Mercosur— y 2003, el gasto relativo en las filiales brasileñas de origen estadounidense creció de 0,56 a 0,8%[21], mientras que el de las argentinas cayó de 0,3 a 0,2% (datos del *Bureau of Economic Analysis* de los EE.UU). Asumiendo que el comportamiento de las filiales estadounidenses es representativo de las ET en su conjunto, esto sugeriría que tras la formación del Mercosur las filiales brasileñas asumieron ciertas responsabilidades de alcance regional en las áreas de diseño e innovación, mientras que en la Argentina incluso se recortaron actividades previamente realizadas en dichas áreas. Más aún, en Brasil hay casos de firmas que han instalado centros de desarrollo de productos en sectores como el automotriz[22]—, autopartes —por ejemplo, motores bicombustible (alcohol y gasolina) y tricombustible (alcohol, gasolina y gas natural), equipos de suspensión— y equipos de telecomunicación —software, sistemas de facturación, redes de *switching*— (Carneiro Dias y Ribeiro Galina, 2000; Quadros *et al*, 1999).

---

[21] El grueso de esa IyD se realiza en los sectores de automóviles, química, maquinaria y equipos de computación y electrónica.

[22] La Ecosport de Ford, es un modelo brasileño destinado a mercados emergentes que empezó a producirse en el 2003 y que en el 2006 se fabricaba a gran escala (más de cien mil unidades). En General Motors, las adaptaciones y reingeniería de diseño necesarias para adaptar los vehículos al mercado latinoamericano se hacen en el centro tecnológico de Brasil (e.g., el Vectra es un modelo adaptado que sólo se produce y vende en el MERCOSUR). En tanto, el Meriva, de la misma empresa, es un automóvil cuyo concepto fue propuesto a la matriz por la filial brasileña, como un producto derivado del Corsa. A la vez, el Surán, modelo de VW producido en la Argentina con exclusividad mundial, fue diseñado principalmente en Brasil. Asimismo, el modelo Fox, también de VW, derivado de la plataforma europea del Polo, fue inicialmente concebido para el mercado brasileño y otros mercados emergentes, aunque luego comenzó a exportarse a destinos más sofisticados, como el europeo (CEPAL, 2005, UNCTAD, 2005).

A su vez, Böhe y Zawislak (2003) encuentran algunos casos de filiales brasileñas con responsabilidades globales en IyD (el más importante es el centro de Siemens para equipamiento energético hidroeléctrico). En el mismo sentido, en el caso de la industria automotriz se ha mencionado que Brasil se ha convertido en una especie de "laboratorio" de algunos cambios mundiales en materia de organización industrial (e.g. "modularización" de plantas; ver CEPAL, 2005). No se conocen casos similares en la Argentina. Asimismo, un *survey* reciente de la UNCTAD a un conjunto de grandes ET muestra que Brasil ocupa el puesto doce en cuanto a localizaciones extranjeras para desarrollar actividades de IyD, mientras que la Argentina apenas fue mencionada en un caso (UNCTAD, 2005).

Por un lado, como ya se dijo, esto podría deberse al hecho de que el despliegue de estrategias *efficiency seeking* en Mercosur pudo haber llevado al abandono de ciertas actividades innovativas de carácter adaptativo que se realizaban en las filiales argentinas a favor de sus pares brasileñas. Por otro, cabe recordar que Brasil ha atraído más IED hacia sectores *high tech,* en donde el gasto en IyD tiende a ser mayor que el promedio, que la Argentina. A su vez, existen regulaciones que llevan a que las ET que invierten en Brasil en sectores como electrónica y computación deban invertir un determinado *quantum* de sus ventas en actividades de IyD. También cabe citar consideraciones vinculadas al tamaño de mercado y otros factores estructurales que podrían ayudar a entender las diferencias a favor de Brasil. Finalmente, hecho no menor, muchas ET tienen sus *headquarters* regionales en Brasil (ver Chudnovsky y López, 2001).

4) El espacio de las políticas públicas y el papel del Mercosur

Afortunadamente, algunas de las cuestiones planteadas en este trabajo como problemas desde el punto de vista del SNI han comenzado a ser abordadas desde la política pública en los últimos años, además del importante incremento en el presupuesto para CyT.

Por ejemplo, la creación en 1996 de la Agencia Nacional de Promoción Científica y Tecnológica (ANPCYT) fue un paso en la dirección correcta. En particular, desde el punto de vista de los temas aquí discutidos, el papel del FONTAR es muy relevante en tanto que contribuye a paliar algunas fallas de mercado que dificultan el financiamiento de las actividades de innovación[23]. Asimismo, desde la ANPCYT se ha venido avanzado en un mayor grado de selectividad en los instrumentos de política (tanto a nivel de sectores como de *clusters*), factor importante, a nuestro juicio, para mejorar el impacto de los instrumentos aplicados.

En tanto, en el ámbito educativo, destaca el interés del actual gobierno por revitalizar la enseñanza técnica, traducido en la ley sancionada recientemente al respecto, en donde además se rescata el valor de las vinculaciones entre el sistema educativo y el mundo de la producción. También se ha expresado preocupación, desde el sector público, por atender a la cuestión de la composición de la matrícula universitaria y por tratar de fomentar el estudio de ciertas disciplinas que son cruciales para el desarrollo productivo y tecnológico del país.

La puesta en marcha de una ley de promoción de la industria del software, en donde hay medidas específicas vinculadas al estímulo a la IyD, también es un hecho auspicioso, en tanto apunta a la transformación de la estructura productiva (la discusión de una ley similar en el ámbito de la biotecnología sería otro paso positivo en la misma dirección).

Algunas reformas en ciertos organismos de CyT, como el CONICET por ejemplo, tratan, en tanto, de promover una mayor vinculación con el sector privado (es el caso de la creación de los programas de becas e investigadores en empresas) y de dar mayor prioridad a las actividades de investigación más directamente vinculadas a la generación de tecnología (por ejemplo, el proyecto de ley que crea la carrera de Tecnólogo, Profesional y Técnico en Investigación y Desarrollo).

Ciertamente, sin embargo, es todavía mucho el camino a recorrer para que el SNI en la Argentina se constituya en un efectivo instrumento de contribución a los objetivos de desarrollo económico y social. En primer lugar, hay algunas condiciones de entorno necesarias para que esa transformación se produzca:

- *Un entorno macroeconómico e institucional estable*, el cual, en realidad, resulta una precondición para cualquier estrategia de desarrollo. La inestabilidad afecta principalmente a las inversiones en

---

[23] En un trabajo reciente hemos mostrado que los aportes no reembolsables del FONTAR tienen un impacto positivo sobre el gasto en innovación de las firmas beneficiadas, en particular cuando estas últimas no realizaban gastos en IyD al momento de recibir el subsidio (Chudnovsky *et al*, 2007b).

capital físico y humano, así como a las destinadas a la adquisición de nuevos conocimientos, ya que tienen largos plazos de maduración y están sujetas a altos grados de incertidumbre. Dichas inversiones son los motores del crecimiento. Por lo tanto, es crucial que la Argentina abandone la senda de inestabilidad en las reglas de juego y volatilidad macroeconómica que la caracteriza desde décadas atrás. Naturalmente, esto no puede conseguirse de un día para otro. Los economistas aún discrepan sobre las políticas necesarias para garantizar la estabilidad macro, y tampoco hay recetas claras para el cambio institucional, ya que no sabemos aún cómo surgen las "buenas" instituciones (o persisten las "malas") y ya se ha probado que la "importación" de "buenas instituciones" (e.g. *Washington Consensus*) tampoco funciona. En cualquier caso, dado que el "pasado la condena", el objetivo de alcanzar credibilidad en las reglas de juego, instituciones fuertes y certidumbre en la evolución de la macro será seguramente algo que a la Argentina le costará un buen tiempo conseguir, pero sin lo cual no sólo no habrá conductas empresarias "schumpeterianas", sino tampoco, ciertamente, un proceso de desarrollo económico sostenido.

- *Una economía abierta*, sin excluir cierto grado de selectividad en determinados ámbitos, a los flujos de comercio, inversión y tecnología. Esta apertura es importante por dos razones: i) los agentes económicos deben enfrentarse a un ambiente competitivo, única vía para que se vean estimulados a buscar permanentemente mejoras de productividad y calidad y a incorporar y desarrollar nuevas tecnologías. En otras palabras, se debe mantener un marco de incentivos que aliente a los empresarios a obtener ganancias por vías "schumpeterianas" y desaliente la ineficiencia microeconómica y la búsqueda de rentas "no innovativas"; ii) aunque la Argentina debe incrementar fuertemente su nivel de gastos en IyD, no debe pensarse a la importación de tecnología y al desarrollo innovativo local como caminos sustitutos, sino complementarios.

En cuanto a los lineamientos principales relativos a las acciones específicas de política pública que podrían instrumentarse —las cuales deberían ser fruto de consensos, deliberaciones y acuerdos entre el Estado en sus distintos niveles, el sector privado y el sector académico—, cabe mencionar los siguientes:

- *Profundizar los instrumentos tendientes a inducir un aumento del gasto privado en actividades de innovación.* Si bien se podría creer que sólo a medida que se avanza en el proceso de desarrollo el sector privado necesita involucrarse más activamente en la realización de actividades de innovación, la experiencia de los países asiáticos y la reflexión teórica nos muestran que, aún para absorber eficientemente las tecnologías importadas es necesario realizar esfuerzos innovativos domésticos, cuya magnitud, a su vez, va creciendo con el tiempo *pari passu* se avanza hacia grados crecientes de complejidad en la estructura productiva. Por razones vinculadas a fallas de mercado, externalidades, etc., difícilmente las firmas se embarquen en procesos de aprendizaje de ese tipo en ausencia de marcos institucionales y políticas específicamente diseñadas con ese fin.

En este sentido, es clave la presencia de mecanismos promocionales fiscales y financieros (como los que existen en la mayor parte del mundo desarrollado), así como la disponibilidad de recursos humanos calificados y la posibilidad de acceder a fondos de riesgo para empresas innovadoras, tema este último en el cual falta mucho por avanzar en nuestro país. A la vez, una estrategia dirigida a promover la incorporación de mayor valor agregado a la explotación de nuestros recursos naturales, así como a estimular el ingreso a sectores productivos "intensivos en conocimiento", también serán elementos motivadores de un incremento en los gastos que realizan las empresas en IyD e innovación.

- *Promover la inversión doméstica y extranjera en sectores "intensivos en conocimiento" en los que el país cuente con potenciales ventajas competitivas.* la Argentina tiene una fuerte base competitiva en un conjunto de actividades vinculadas a recursos naturales que, ciertamente, no debe ser descuidada, y sobre la cual se puede trabajar con el fin de adicionar valor agregado a su explotación. En este sentido, tenemos claro que el pasaje hacia las "economías basadas sobre el conocimiento" no implica únicamente el desarrollo de ciertas ramas "*high-tech*", sino, más en general, un proceso por el cual la mayor parte de las actividades productivas incorporen crecientemente insumos científicos y tecnológicos. A la vez, también es cierto que hay un conjunto de ramas, como software, biotecnología y otras, que siendo altamente dinámicas en el actual contexto internacional, son intensivas en un activo que el país todavía posee con cierta abundancia: recursos humanos calificados —aunque también hemos venido perdiendo terreno en esa materia. En este contexto, hay lugar para una estrategia de impulso explícito en la cual participen el Estado, los organismos de CyT y las universidades y en la que haya un protagonismo tanto de firmas locales como extranjeras que puedan ocupar espacios en dichas actividades, tanto en el mercado local como en el internacional.

- *Acompañar la estrategia de promoción de la innovación y avance hacia sectores nuevos con la fijación de metas y prioridades en el sector educativo, tal que la oferta de recursos humanos sea adecuada a las necesidades que plantea dicha estrategia.* Como se dijo antes, las vinculaciones entre el mundo de la educación y las necesidades del proceso de desarrollo productivo y tecnológico han sido siempre muy débiles en la Argentina. En este contexto, en el plano de la enseñanza secundaria, se debe reforzar tanto el sistema de educación técnica como la presencia de contenidos vinculados a los nuevos requerimientos que surgen desde la dinámica del cambio tecnológico como condiciones para la empleabilidad de la mano de obra. A la vez, si se adopta una estrategia de desarrollo económico selectiva, en la cual se promueva la expansión de determinadas actividades y sectores, ello no puede estar desvinculado de lo que pasa con el sistema universitario, en donde sería necesario establecer orientaciones para inducir la formación de ciertos tipos de recursos humanos adecuados a las prioridades fijadas en la estrategia de desarrollo.

En ambos niveles educativos, además, sería deseable que las empresas se involucraran mucho más activamente en la formulación de planes de estudio y se establecieran mecanismos de vinculación más permanentes entre ambos mundos. Asimismo, el papel de la educación como semillero de nuevos *entrepreneurs* también debería formar parte de la agenda de fortalecimiento de las interacciones sistémicas en el SNI. Por cierto, todo esto no puede ocurrir en el contexto actual de salarios bajos, equipamiento anticuado y esquemas organizativos pensados para otra realidad local e internacional, lo cual amerita reformas profundas en todos los niveles y áreas del sistema educativo.

- *Potenciar los mecanismos tendientes a favorecer una mayor vinculación entre el sistema público de ciencia y tecnología y las prioridades del desarrollo económico-social del país.* El país no puede dilapidar los activos humanos y la experiencia acumulada en las instituciones de CyT y en sus universidades, pero al mismo tiempo es imprescindible mejorar su funcionamiento, aumentar el nivel de coordinación intra e inter-institucional, introducir nuevos esquemas de incentivos para su personal e incrementar la cantidad y calidad de las interacciones con el resto de la sociedad y, en particular, con el aparato productivo doméstico. Temas como la fijación de prioridades de carácter sectorial o temático, la redefinición del esquema de incentivos de modo de inducir una mayor vinculación con el sector productivo en áreas distintas a la consultoría o los ensayos y servicios rutinarios y el establecimiento de mecanismos que permitan una mayor interacción del personal de estas instituciones con las firmas privadas, son algunos de los temas que aparecen como esenciales para una agenda a futuro. A su vez, es preciso generar mecanismos de coordinación efectivos, de modo que los recursos asignados a las instituciones de CyT sean empleados de modo eficiente, evitando las superposiciones, la duplicación de esfuerzos, etc.

- *Repensar la cuestión del liderazgo empresarial.* Al presente, el liderazgo empresarial en la economía argentina sigue siendo ejercido por filiales de ET —más allá del retiro de algunas firmas extranjeras en privatizaciones, que ha sido compensado por la venta de varias grandes empresas locales a grupos extranjeros, principalmente brasileños. Entendemos que sería ilógico "combatir" a las filiales extranjeras o poner restricciones a su operatoria. En cambio, sería plausible tener políticas destinadas a mejorar el impacto de dichas empresas sobre la economía argentina —i.e., estimularlas a que realicen actividades de IyD y estrechen sus vinculaciones con el sistema científico tecnológico local, a que eleven sus exportaciones, desarrollen proveedores locales, etc.—, así como adoptar estrategias más activas de búsqueda de inversiones en sectores conocimiento-intensivos en los que el país cuente con ventajas potenciales (tal como ha ocurrido en Singapur o Irlanda, por ejemplo). Como parte de este mismo enfoque, la política pública debería tender a crear condiciones para que la presencia masiva de ET genere derrames positivos de productividad y capital humano hacia las empresas nacionales, en particular hacia las PyMEs.

Cabe, sin embargo, preguntarse, una vez más, si es posible que la Argentina se embarque en un proceso de desarrollo económico sustentable sin contar con el protagonismo de un conjunto de "campeones nacionales". Factores vinculados esencialmente al lugar en donde se toman las decisiones estratégicas para la corporación —esto es, el lugar en donde se define la localización de las actividades de IyD, las inversiones o la asignación de exportaciones— están entre los principales argumentos a favor de un estilo de desarrollo en el cual las grandes empresas de capital nacional jueguen un rol clave.

Hay una larga bibliografía local en la que los empresarios argentinos son vistos como incapaces de llevar adelante un proceso de industrialización exitoso –o incluso se los considera directamente enemigos de dicho proceso (ver López, 2006 para un análisis crítico de dicha literatura). Cierto es que en el pasado muchos grandes grupos empresarios locales han prosperado gracias al desarrollo de distintos tipos de estrategias de captación de rentas asociadas al *lobby* con el Estado, la especulación con distinto tipo de activos, etc. Sin embargo, eso no es un factor distintivo de la burguesía argentina, como bien lo muestra la experiencia comparativa con otros países como Corea, en donde los grandes "campeones nacionales" también crecieron inicialmente al amparo de modalidades similares, aunque luego, cambios institucionales profundos mediante, redirigieron sus estrategias para incorporar mayores dosis de "conductas schumpeterianas" (ver López, 2006).

Más aún, al observar a grupos como Techint o Pescarmona, parece difícil asociarlos a conductas tecnológicas e inversoras débiles (ver Kosacoff, 1999). Lo mismo vale en el caso del agro; la antigua imagen de indolencia y falta de cultura innovativa de los productores agropecuarios ha quedado fuertemente desmentida en los últimos años, con el ejemplo del grupo Grobocopatel como el más notorio entre los empresarios "dinámicos" del sector.

En suma, desde nuestro punto de vista es imprescindible crear las condiciones para la consolidación de una clase empresarial doméstica dinámica que pueda acompañar el proceso de desarrollo económico y tecnológico del país tal como ha ocurrido en otras experiencias exitosas tanto en Asia como en Europa y América del Norte —e incluso, a menor escala, en Brasil o México. Para lograr esto hay que deshacerse de las visiones "heterodoxas" y "ortodoxas" que tienden a suponer, en una tal vez curiosa coincidencia, que hay una incompatibilidad entre ser un empresario dinámico —"schumpeteriano"— y articularse con el Estado en estrategias "pro-desarrollo" que implican alguna forma de transferencia de rentas hacia el sector privado. En este sentido, creemos que existe la posibilidad de que, como parte de una estrategia de desarrollo en la cual la profundización de las capacidades innovativas endógenas y la mejora del patrón de especialización del país sean componentes centrales, se busquen vías para estimular la consolidación e internacionalización de algunas grandes empresas de capital nacional. Estas vías no deberían replicar las masivas transferencias de recursos ni el otorgamiento de rentas monopólicas que han sido usuales en el pasado del país, sino, por ejemplo, tener en cuenta la provisión de adecuadas condiciones para competir a nivel internacional (financiamiento, mejor acceso a capital humano, etc.) y en el otorgamiento de ciertos incentivos bajo condiciones rigurosas de reciprocidad en términos de desempeño de las empresas (IyD, exportaciones, empleo, etc.).

- *Asistir a las PyMEs para que mejoren significativamente su capacidad para absorber tecnologías extranjeras y desarrollen procesos de aprendizaje que les permitan gradualmente generar capacidades propias de innovación.* Los países en desarrollo son siempre dependientes de la importación de tecnología. Sin embargo, en los casos exitosos se ha logrado no sólo aprovechar eficientemente las tecnologías importadas, sino también recorrer un sendero de aprendizaje que los lleva a asimilarse a las naciones desarrolladas, en las cuales el intercambio de tecnología con el exterior es de "doble vía". El primer paso en dicho proceso es estimular el desarrollo de las capacidades de absorción de las tecnologías extranjeras y aumentar los "derrames" generados por estas últimas. Para lograr dichos objetivos es necesario: a) incrementar fuertemente la calificación de nuestros recursos humanos, en todos los niveles educativos —que incluyan también las actividades de formación profesional en las propias empresas—, fortaleciendo especialmente el desarrollo de capacidades en áreas de conocimiento claves para el desempeño competitivo en el actual contexto internacional; b) mejorar sustancialmente las capacidades tecnológicas, gerenciales y organizativas en las firmas de tamaño pequeño y mediano, de modo que puedan utilizar más eficientemente las tecnologías disponibles en el medio local e internacional, así como vincularse más activamente en redes o cadenas de valor con empresas nacionales y extranjeras de gran tamaño; c) inducir a las filiales de las ET que operan en el país a incrementar sus vínculos con el medio local, incluyendo el desarrollo de proveedores y clientes, el aumento del tipo y calidad de las actividades de innovación que llevan adelante localmente, el fomento de las interacciones con instituciones de ciencia y tecnología, etc.; d) estimular las formas asociativas tales como *clusters, networks*, etc., en tanto ese tipo de redes generan espacios para la generación y circulación de conocimiento que son difíciles o imposibles de replicar para firmas individuales; e) atacar el problema de las fallas de mercado que hacen que las firmas locales, y en particular las PyMEs, enfrenten un campo de juego "desnivelado" *vis a vis* sus competidores extranjeros. Además de resolver las fallas del sistema financiero que dificultan el acceso al crédito de un gran número de firmas, se debe apuntar a un desarrollo real del mercado de capitales, así como fomentar la aparición de mecanismos de capital de riesgo y otros que faciliten el surgimiento de nuevas empresas, en particular de base tecnológica. Asimismo, es preciso diseñar políticas de extensionismo industrial que incluyan asistencia técnica, consejerías tecnológicas, etc. —apuntando a las fallas de mercado en materia de información y difusión de tecnologías— y facilitar el acceso de las PyMEs a recursos humanos calificados. En particular, es necesario fomentar la difusión de las tecnologías de la información y la comunicación, así como de las modernas formas de gestión empresaria y tecnologías organizacionales, ya que las firmas que no incorporen dichas innovaciones estarán en una posición débil para competir en el nuevo escenario económico internacional.

¿Cuál podría ser el papel del Mercosur dentro de esta agenda? En primer lugar, en la medida en que el Mercosur realmente se consolide como un instrumento favorable al crecimiento y la estabilidad macroeconómica e institucional de los países miembros, también repercutirá favorablemente sobre el desempeño del SNI en la Argentina.

Más allá de este aspecto general, resulta crucial que dentro del Mercosur se adopten políticas comunes de competitividad y desarrollo industrial en las que se busquen integrar cadenas de valor a nivel regional y promover procesos de especialización y cooperación inter-empresarios en donde el componente tecnológico juegue un rol importante. Más en general, el estímulo a la creación de redes —que involucren a empresas, universidades, laboratorios, etc.— en donde la generación y circulación de conocimiento sean fluidas, es también un objetivo importante en la agenda futura del bloque.

La cooperación en este tipo de temas es especialmente importante en el caso de sectores y actividades nuevas, en los que la competencia se funda en la innovación, ya que esfuerzos conjuntos pueden ayudar a reducir las barreras de entrada que puedan existir en dichos sectores.

Asimismo, las políticas hacia la IED deberían hacer menos énfasis en la competencia intra-bloque, para promover la llegada de más inversiones que busquen eficiencia y activos estratégicos, que son aquellas que potencialmente tienen mayor capacidad de generar derrames sobre las economías receptoras.

En lo que hace al área específica de CyT, el Mercosur debe ir mucho más allá de proyectos puntuales de cooperación en temas científicos, aún siendo éstos muy importantes. Por ejemplo, esfuerzos comunes en el área de financiamiento a la innovación tendrían potencialmente efectos de significación para las empresas de la región. Asimismo, la promoción de proyectos regionales en determinados campos de alta tecnología, tanto en sectores agropecuarios como industriales y de servicios, es otra posible fuente de beneficios para los SNI del bloque.

También hay amplios espacios posibles de cooperación en materia educativa, especialmente en los niveles de grado y posgrado en la universidad, a través de la creación de programas conjuntos, el estímulo al intercambio de docentes y profesores, etc.

En el área de financiamiento también hay numerosas oportunidades para generar emprendimientos conjuntos que tengan impactos favorables sobre el desarrollo de las empresas locales, la realización de proyectos innovativos ambiciosos o el ingreso a nuevos sectores en donde existan ventajas comparativas dinámicas.

Finalmente, es extremadamente importante que el Mercosur se constituya definitivamente en un proyecto compartido y permanente dentro de cada país miembro, y asuma una agenda clara y factible en la que se definan metas viables y de impacto concreto sobre las economías y las sociedades de la región. El continuo debate sobre si el Mercosur sirve o no, o si debe constituir una zona de libre comercio o una unión aduanera, en poco favorecen al alcance de los objetivos mencionados en los párrafos anteriores. Pero para que esas dudas se disipen es preciso que los gobiernos, empresarios, trabajadores y ciudadanos de los países miembro perciban con claridad que el Mercosur es un juego de suma positiva, con ganancias potenciales para todos los socios, en lugar de un ámbito de disputas, que es la imagen que en los últimos años ha dejado el proceso de integración. Sin un esfuerzo decidido en esta dirección, será difícil que el Mercosur pueda cumplir un rol importante en los respectivos procesos de desarrollo de cada uno de los países miembro del bloque.

Bibliografía

Adler, E. (1987), *The power of ideology. The quest for technological autonomy in Argentina and Brazil*, University of California Press, Berkeley.

Aitken, B., G. Hanson y A. Harrison (1997), "Spillovers foreign investment, and export behavior", *Journal of International Economics*, No. 43, pp. 103-32.

Albuquerque, E. (1997), "National Systems of Innovation and Non-OECD Countries: Notes about a Rudimentary and Tentative 'Typology'", presentado en la *Conferencia Anual de la European Association for Evolutionary Political Economy (EAEPE)*, Atenas, Noviembre.

Albuquerque, E. (2001), "Scientific Infrastructure and Catching-Up Process: Notes about a Relationship Illustrated by Science and Technology Statistics", *Revista Brasilera de Economia, Vol. 55, N°4*.

Arza, V. (2005), "The Impact of Business Confidence and Macroeconomic Uncertainty on Firms' Investment Behaviour in Argentina during the 1990s", DPhil (Thesis), SPRU - Science and Technology Policy Research, University of Sussex.

Baruj, G., B. Kosacoff y F. Porta (2005), "Políticas nacionales y la profundización del Mercosur. El impacto de las políticas de competitividad", Convenio BID – CEPAL "Asimetrías en el Mercosur: *National Competitiveness Policies for Deeper Integration*", Buenos Aires.

Böhe, D. y P. Zawislak (2003), *Strategic Competences and the Evolution of R&D Responsabilities: Case Study Evidence on Brazilian Subsidiaries of Multinational Companies*, mimeo, Universidade General do Rio Grande do Sul (UFRGS).

Carneiro Dias, A. y S. Ribeiro Galina (2000), "Global Product Development: Some Case Studies in Brazilian Automotive and Telecommunication Industries", presentado en la *4th International Conference on Technology Policy and Innovation*, Curitiba.

CEP (2003), *La promoción de cadenas productivas regionales en el marco de los procesos de integración*, Síntesis de la Economía Real, Vol. 41.

CEPAL (1958), *El desarrollo económico de la Argentina*, Naciones Unidas, Santiago de Chile.

CEPAL (2005), *La Inversion Extranjera en América Latina y el Caribe. Informe 2004*, Santiago de Chile: CEPAL.

Cimoli, M., G. Porcile, A. Primi y S. Vergara (2005), "Cambio Estructural, Heterogeneidad Productiva y Tecnología en América Latina", en M. Cimoli (ed.), *Heterogeneidad Estructural, Asimetrías Tecnológicas y Crecimiento en América Latina*, Santiago de Chile: CEPAL/BID.

Cimoli, M., M. Holland, G. Porcile, A. Primi y S. Vergara (2006), **G**rowth, *Structural Change and Technological Capabilities in Latin America in a Comparative Perspective*. Working Papers Series, 2006/11. Laboratory of Economics and Management, Sant'Anna School of Advanced Studies.

Chudnovsky, D (1994), "Reviving South-South cooperation: la Argentina, Brazil and the Mercosur", en Mytelka, L (ed), *South-South cooperation in a global perspective*, OECD, París.

Chudnovsky, D. y A. López (2001), *La transnacionalización de la economía argentina*, Eudeba, Buenos Aires.

Chudnovsky, D. y A. López (2006), "Inversión Extranjera Directa y Desarrollo: La Experiencia del Mercosur" en Berlinski, J., F. Pires de Souza, D., Chudnovsky y A. López (coords.), *15 Años de Mercosur. Comercio, Macroeconomía e Inversiones Extranjeras*, Montevideo: Red Mercosur.

Chudnovsky, D. y F. Porta (1990), "La trayectoria del proceso de integración argentino-brasileño: tendencias e incertidumbres", CENIT, DT N°5, Buenos Aires.

Chudnovsky, D., A. López y G. Pupato (2004), "Research, Development and Innovation Activities in la Argentina: Changing roles of the public and private sectors and policy issues", programa Research on Knowledge Systems (RoKS) del International Development Research Centre (IDRC).

Chudnovsky, D., A. López y G. Pupato (2006a), "Innovation and Productivity in Developing Countries: A Study of Argentine Manufacturing Firms´ Behavior", *Research Policy*, Volumen 35, N° 2, pp. 181-342, Marzo.

Chudnovsky, D., A. López y E. Orlicki (2006b) 'Innovation and export performance in Argentine manufacturing firms', en J. De Negri y L. Turchi (org.), *Inovação nas Firmas Industriais Brasileiras e Argentinas*, IPEA, en prensa.

Chudnovsky, D., A. López y G. Rossi (2006c), " Derrames de la Inversión Extranjera Directa, Políticas Públicas y Capacidades de Absorción de las Firmas Nacionales del Sector Manufacturero Argentino (1992-2001)" en M. Laplane (coord.), *El Desarrollo Industrial del Mercosur ¿Qué Impacto han tenido las Empresas Extranjeras?*, Buenos Aires: Siglo XXI Editora Iberoamericana.

Chudnovsky, D., A. López and E. Orlicki (2007a), "Impact of Foreign Direct Investment on Employment, Productivity, Trade, Innovation, Wage Inequality and Poverty: A study of Argentina 1992-2001", Final Report, Global Development Network.

Chudnovsky, D., A. López, M. Rossi y D. Ubfal (2007b), "Evaluating the effectiveness of public support to private R&D: evidence from Argentina", Working Paper, OVE/BID, Washington.

Dahlman, C. y R. Nelson (1993), "Social Absorption Capability, National Innovation Systems and Economic Development", presentado en la *UNU/Intech Research Conference,* Maastricht, Junio.

Dal Bó, E. y B. Kosacoff (1998), "Líneas conceptuales ante evidencias microeconómicas de cambio estructural", en B. Kosacoff (ed.), *Estrategias Empresariales en Tiempos de Cambio,* Universidad de Quilmes, Buenos Aires.

Decibe, S. y S. Canela (2003), *Educación y Sociedad del Conocimiento,* Estudio 1.EG.33.4., CEPAL (coord.), a pedido de la Secretaría de Política Económica, Ministerio de Economía y Producción.

Donato, V. (1996), "Incertidumbre ambiental y procesos productivos 'de alta densidad contractual': la dinámica estructural de la industria argentina durante el período de megainflación (1975-1990)", *Desarrollo Económico,* Vol. 35, N° 140.

Dosi, G., K. Pavitt y L. Soete (1990), *The economics of technical change and international trade,* Londres: Harvester Wheatsheaf.

Dunning, J. (1993), *Multinational enterprises and the global economy,* University of Reading, Adison Wesley.

Edquist, C. (1997), "Systems of Innovation Approaches-Their Emergence and Characteristics", en C. Edquist (ed.), *Systems of Innovation: Technologies, Institutions and Organizations,* Pinter, Londres.

Fagerberg, J. (1988), "Why growth rates differ", en G. Dosi et al (eds.), *Technical Change and Economic Theory,* Pinter.

Fagerberg, J. y M. M. Godinho (2005), "Innovation and Catching-Up", en J. Fagerberg, D. Nelson y D. Mowery (eds.), *The Oxford Handbook of Innovation,* Oxford University Press.

Fanelli, J. M. (2002), "Crecimiento, inestabilidad y crisis de la Convertibilidad en la Argentina", *Revista de la CEPAL*, N° 77.

Fanelli, J. M. (2004), *Desarrollo Financiero, Volatilidad e Instituciones. Reflexiones Sobre la Experiencia la Argentina*, Fundación PENT, DT 2004-003, Buenos Aires.

Fanelli, J. y R. Frenkel (1996), "Estabilidad y estructura: interacciones en el crecimiento económico", en J. Katz (ed.), *Estabilización macroeconómica, reforma estructural y comportamiento industrial. Estructura y funcionamiento del sector manufacturero latinoamericano en los años 90*, CEPAL/IDRC-Alianza, Santiago de Chile.

Freeman, C. (1987), *Technology and economic performance: lessons from Japan*, Pinter, Londres.

Freeman, C. (1994), "Innovation and growth", en M. Dodgson y R. Rothwell (eds.), *The Handbook of Industrial Innovation*, Aldershot: Edward Elgar.

Fuchs, M. (1994), *Calificación de los recursos humanos e industrialización El desafío argentino de los años ochenta*, DT 57, CEPAL, Buenos Aires.

Guerson, A., J. Parks y M. Parra Torrado (2006), *Exports structures and growth: a detailed analysis for Argentina*, World Bank, mimeo.

Gorg, H. y D. Greenaway (2004), "Much Ado about Nothing? Do Domestic Firms Really Benefit from Foreign Direct Investment", *The World Bank Research Observer*, Vol. 19, No. 2.

Hausmann, R., J. Hwang y D. Rodrik (2005), *What you export matters*, NBER Working Paper No. 11905.

Helpman, E. (2004), *The Mystery of Economic Growth*, Harvard University Press, Cambridge.

Holm-Nielsen, L. y T. Hansen (2003), *Education and Skills in Argentina. Assessing Argentina´s Stock of Human Capital*, mimeo, Latin America and the Caribbean Regional Office (LCSHD), World Bank.

INDEC-SECYT (1998), *Encuesta Sobre la Conducta Tecnológica de las Empresas Industriales Argentinas*, Serie Estudios, No. 31, Buenos Aires.

INDEC-SECYT-CEPAL (2003), *Segunda Encuesta Nacional de Innovación y Conducta Tecnológica de las Empresas Argentinas*, Serie Estudios, No. 38, Buenos Aires.

ITDT -Instituto Torcuato di Tella- (1962), "Informe preliminar sobre la oferta de mano de obra especializada (universitaria y técnica) en la República Argentina", Centro de Investigaciones Económicas, Editorial del Instituto, Buenos Aires.

Kantis, H., P. Angelelli y F. Gatto (2001), *Nuevos emprendimientos y emprendedores: de qué depende su creación y supervivencia? Explorando el caso argentino*, UNGS-LITTEC, DT 2001-02, Buenos Aires.

Kline, S. y N. Rosenberg (1986), "An overview of innovation", en R. Landau y N. Rosenberg (eds.), *The positive sum strategy. Harnessing technology for economic growth*, National Academy Press, Washington D.C.

Kosacoff, B. (1999), "El caso argentino", en D. Chudnovsky, B. Kosacoff y A. López, *Las multinacionales latinoamericanas. Sus estrategias en un mundo globalizado*, Fondo de Cultura Económica, Buenos Aires.

Kugler, M. (2000), "The diffusion of externalities from foreign direct investment: Theory ahead of measurement", Discussion Papers in Economics and Econometrics, University of Southampton.

Llach, J. J., S. Montoya y F. Roldán (1999), *Educación Para Todos*, IERAL, Córdoba

López, A. (2006), "Empresarios, instituciones y desarrollo económico: el caso argentino", CEPAL, Buenos Aires.

López, A. (2007), *Desarrollo económico y sistema nacional de innovación: el caso argentino desde 1860 hasta 2001*, Consejo Profesional de Ciencias Económicas, Buenos Aires, en prensa.

López, A. y M. Laplane (2004), *Complementación productiva en Mercosur. Perspectivas y potencialidades*, FESUR/Coordinadora de Centrales Sindicales del Mercosur.

López, A. y D. Ramos (2006), *"Oportunidades y Desafíos de la Industria de Software en Argentina"*, informe realizado para la CEPAL.

Lundvall, B. (ed.) (1992), *National systems of innovation. Towards a theory of innovation and interactive learning*, Pinter Publishers, Londres.

Maggi, C. y J. Meyer-Stamer (2000), *Oportunidades y Amenazas para las Pymes en los países del Mercosur. Hacia una estrategia de fomento basada en la creación de competitividad sistémica a través de la articulación de políticas localizadas*, GTZ.

Nelson, R. (1993) (ed), *National Innovation Systems. A comparative analysis*, Oxford University Press, Nueva York.

Nívoli, M. (1989), "Balance de la experiencia de la Oficina de Transferencia de Tecnología (CONICET, Argentina)", *Revista de Derecho Industrial*, N° 31.

North, D. (1993), *Instituciones, cambio institucional y desempeño económico*, Fondo de Cultura Económica, México.

Ocampo, J. A. (2005), *Más allá de las reformas. Dinámica estructural y vulnerabilidad macroeconómica*, CEPAL/Alfaomega, Bogotá.

OECD/UNESCO-UIS (2003), Literacy Skills for the World of Tomorrow - Further results from PISA 2000, Programme for International Student Assessment.

PNUD (1999) -Programa de las Naciones Unidas para el Desarrollo- (1999), *Informe sobre Desarrollo Humano 1999*, Mundi Prensa, Madrid.

Quadros, R., A. Furtado, R. Bernardes y E. Franco (1999), "Technological Innovation in Brazilian Industry: An Assessment based on the Sao Paulo Innovation Survey" preparado para la *3rd International Conference on Technology Policy and Innovation*, Austin.

Spiller, P. y M. Tommasi (2003), "The Institutional Foundations of Public Policy: A Transactions Approach with Application to Argentina", *Journal of Law, Economics, and Organization*, en prensa.

UNCTAD (1999), *World Investment Report 1999. Foreign Direct Investment and the Challenge of Development*, Ginebra.

UNCTAD (2005), *World Investment Report 2005: Transnational Corporations and the Internationalization of R&D*, Nueva York: United Nations.

UNIDO (2005), *Industrial Development Report 2005: Capability building for catching-up. Historical, empirical and policy dimensions*, Viena: UNIDO.

Yoguel, G. (1996), *Estrategias de cooperación empresarial argentinas y brasileñas a principios de los noventa*, Documento de trabajo, No. 70, CEPAL.

Yoguel, G. y M. Fuchs (2003), "Desarrollo de redes de conocimiento", Secretaría de Política Económica/CEPAL, *Lineamientos para Fortalecer las Fuentes de Crecimiento Económico*, Buenos Aires.

Capítulo IV

O Sistema Brasileiro de Inovação e o Mercosul – Dinâmica Interativa, Políticas Públicas e Limitações Estruturais

André Furtado [1]
DPCT/IG/UNICAMP

Um Sistema de Inovação pressupõe a existência de interatividade e o envolvimento de atores dotados de lógicas institucionais distintas, mas com capacidade de coordenação, no processo de inovação. Os sistemas nacionais de inovação (Freeman 1992, Lundvall, 1988 e 1992a, Nelson 1988, Nelson e Rosenberg, 1992) são definidos como a interação entre agentes de diferente natureza institucional que trabalham de forma cooperativa ou complementar para gerar e difundir inovações. Essas interações constituem-se elas mesmas em instituições, que resultam de um processo de aprendizagem social, o qual se produz em determinados sistemas produtivos e em certos contextos nacionais ou regionais.

O conceito de Sistema Nacional de Inovação implica em que a interação, entre os atores principais e a coordenação dos mesmos com vistas à inovação, ocorra preferencialmente em nível nacional. O papel do Governo, e de suas políticas públicas, é essencial para canalizar os esforços dos atores no sentido de promover a inovação.

O conceito de SNI se apóia na abordagem evolucionista, segundo a qual os agentes econômicos são diferentes entre si e a inovação é central

---

[1] El autor agradece los comentarios de Amilcar Davyt (Director de Innovación, Ciencia y Tecnología de Uruguay) y del resto de los asistentes al seminario.

125

para o desenvolvimento econômico. A segunda percepção começou a ser internalizada pela corrente neoclássica através da teoria do desenvolvimento endógeno, porém a primeira, da não homogeneidade dos agentes e das condições específicas em que operam, não chegou a ser tratada de forma satisfatória pelo *mainstream*. Por seu lado, a teoria evolucionista não consegue alcançar uma formalização matematizável que a torne relevante para a corrente de pensamento dominante da economia.

A abordagem evolucionista tem sérias dificuldades, também, para levar em consideração os fatores estruturais em suas análises sobre a inovação em países periféricos. Ela coloca muita ênfase nos elementos microeconômicos diretamente constitutivos do processo de inovação. Em compensação, tende a desconsiderar elementos estruturais macroeconômicos ou sócio-históricos. Há certa perda de capacidade analítica sobre a realidade local em relação à abordagem estruturalista latino-americana, que prioriza a importância de aspectos históricos e institucionais na análise das economias nacionais (Prebisch, Furtado, Aníbal Pinto). Entretanto, mesmos o principal autor evolucionista latino-americano, que inicialmente priorizou a abordagem microeconômica da inovação, acabou dando cada vez maior importância para os fatores estruturais em suas mais recentes contribuições (Katz, 2000).

A análise dos sistemas nacionais de inovação se presta mais a uma tentativa de fusão entre a abordagem estruturalista latino-americana com a corrente evolucionista. Essa análise pressupõe uma percepção simultânea dos níveis micro, meso e macro. Seu ponto de partida é a empresa, porque nela a inovação se materializa, porém essa abordagem busca relacionar as empresas entre si e com os demais atores do sistema no processo de inovação que é captada em sua dimensão macro-social, segundo a proposta de Herrera[2]. Os níveis meso e macro interferem no micro quando eles induzem a inovação e a interação. Esses níveis interagem dinamicamente e retroativamente. Dada essa influência do ambiente e o caráter cumulativo do aprendizado, os atores precisam ser abordados por meio da análise de suas respectivas trajetórias, que costumam ser específicas por causa do caráter localizado do progresso técnico.

---

[2] Este autor introduziu o conceito de capacidade social de inovação para definir a capacidade da sociedade em fazer o uso da tecnologia para alcançar as suas metas (Herrera, 2000).

As Capacidades Inovadoras das Empresas

O sistema de inovação brasileiro deve ser primeiramente percebido por meio das empresas. O setor industrial brasileiro é bastante desenvolvido e diversificado, porém muito heterogêneo. O conjunto das empresas, que possuem atividades contínuas de P&D, ou apóiam suas inovações em patentes ou inovam para o país ou o mundo, é ainda pequeno e está concentrado em alguns setores de alta e média intensidade tecnológica (Tabela 1).

Tabela 1: Indicadores de Esforço e Desempenho das Empresas do Setor Manufatureiro por Setor (em % de todas empresas) - Ano Base 2003

	% Empresas com P&D Contínua	% Dispêndio de P&D/ Vendas Líquidas	% Empresas com Depósito de Patentes entre 2001 e 2003	% Empresas com Patentes Registradas	% Empresas com Inovações de Produto para Brasil ou Mundo entre 2001 e 2003	% Empresas com Inovações de Processo para Brasil ou Mundo entre 2001 e 2003
Outros equipamentos de transporte	8,10	4,09	0,89	3,11	7,69	1,99
Informática	33,14	1,87	10,70	15,07	33,72	3,98
Automobilística	5,65	1,56	3,86	12,42	2,15	2,32
Instrumentação	11,72	1,22	9,50	25,19	5,32	1,41
Eletrônica e comunicações	14,13	1,14	6,05	5,25	3,79	1,56
Máquinas e equipamentos	7,37	0,71	6,56	10,79	4,09	1,24
Máquinas elétricas	8,59	0,65	4,69	5,96	4,19	3,12
Refino, nuclear e álcool	3,76	0,61	1,61	3,08	3,18	0,54
Produtos químicos	9,88	0,46	6,03	10,91	4,70	1,15
Fumo	5,61	0,41	3,81	18,19	0,00	0,00
Borracha e plástico	3,68	0,31	2,14	8,33	2,95	0,93

	% Empresas com P&D Contínua	% Dispêndio de P&D/ Vendas Líquidas	% Empresas com Depósito de Patentes entre 2001 e 2003	% Empresas com Patentes Registradas	% Empresas com Inovações de Produto para Brasil ou Mundo entre 2001 e 2003	% Empresas com Inovações de Processo para Brasil ou Mundo entre 2001 e 2003
Vestuário e acessórios	0,19	0,28	0,10	0,30	0,32	0,03
Móveis e indústrias diversas	1,32	0,25	1,74	3,75	1,68	0,67
Metalurgia básica	5,33	0,24	2,69	7,32	1,82	1,23
Produtos de metal	2,40	0,23	2,19	4,84	1,88	0,84
Celulose,e papel	3,92	0,22	2,15	7,56	1,01	0,98
Minerais não-metálicos	0,83	0,22	0,43	1,90	0,49	0,31
Produtos têxteis	2,97	0,20	0,51	3,62	1,11	2,03
Couros e calçados	1,43	0,16	0,99	3,03	0,67	0,13
Produtos de madeira	0,87	0,11	1,13	0,92	1,27	0,63
Alimentos e bebidas	2,18	0,10	1,64	3,26	1,29	0,18
Edição, impressão e reprodução de gravações	0,5	0,04	1,52	1,58	0,41	0,33
Indústrias de transformação	2,94	0,55	2,08	5,04	1,79	0,72

Fonte: IBGE, Diretoria de Pesquisas, Coordenação de Indústria, Pesquisa Industrial de Inovação Tecnológica 2003.
Nota: Foram consideradas as empresas industriais com 10 ou mais pessoas ocupadas, que implementaram produto e/ou processo tecnologicamente novo ou substancialmente aprimorado.

As empresas, ainda que inovem e façam P&D, nem sempre estabelecem vínculos com instituições de pesquisa. Apenas 1,26% das empresas do setor manufatureiro estabeleceram vínculos cooperativos para inovar. Esses vínculos ocorrem preferencialmente com outras empresas da cadeia produtiva (fornecedores e clientes) e com Universidades e Institutos de Pesquisa. Ainda que o número dessas empresas seja limitado, os elos cooperativos se dão preferencialmente com instituições nacionais. Apenas uma pequena fração dessas empresas, inferior a 10%, coopera com parceiros internacionais. A Tabela 2 revela que as Universidade e Institutos de Pesquisa estão posicionados em segundo lugar na preferência das empresas quando se trata de inovar. Essas instituições são parceiras de 40% das empresas brasileiras que cooperam. Esse número equivale aproximadamente a 410 empresas.

Tabela 2: Proporção das Empresas do Setor Manufatureiro que Cooperaram para Inovar, segundo os principais parceiros e sua localização – Ano Base 2003

	Total que Cooperaram	Clientes ou consumidores		Fornecedores		Empresas de consultoria		Universidades e institutos de pesquisa	
		Brasil	Exterior	Brasil	Exterior	Brasil	Exterior	Brasil	Exterior
% Total de Empresas	1,26	0,49	0,09	0,61	0,12	0,17	0,04	0,50	0,02
% Total de Empresas Inovadoras	3,77	1,46	0,27	1,82	0,36	0,50	0,12	1,50	0,06
% Total de Empresas com Cooperação	100,00	38,77	7,19	48,15	9,54	13,35	3,22	39,70	1,55

Fonte: Pintec, 2003 - IBGE

Em que medida as políticas públicas são relevantes para as empresas inovarem? Elas o são sem dúvida porque criaram um conjunto de instituições de ensino e pesquisa que são fundamentais na formação de recursos humanos e na geração de novos conhecimentos científicos e tecnológicos. Porém, pelo lado do financiamento à pesquisa industrial, essa política é bastante deficiente. Os dados da Pintec 2003 indicam que apenas 5% dos gastos em P&D e 14% dos demais gastos em atividades inovativas são financiadas pelo setor público. O limitado aporte do setor público às empresas está essencialmente associado ao fato de que grande parte dos recursos públicos para inovação no Brasil é canalizada para as Universidades Públicas e para os Institutos de pesquisa. As empresas costumam receber financiamentos reembolsáveis através da FINEP e do BNDES.

As instituições públicas de Pesquisa

As Universidades, através de seus programas de pós-graduação, abrigam grande parte dos recursos humanos alocados à P&D no Brasil. Os institutos públicos de pesquisa estão menos presentes do que em outros países. Os institutos públicos são importantes em setores estratégicos (nuclear, aeroespacial, telecomunicações, informática) e em setores com importantes demandas sociais (saúde, agricultura, meteorologia, meio ambiente). Existe também um pequeno conjunto de institutos dirigidos para a pesquisa básica (CBPF, LNCC, LNLS, IMPA). Os institutos públicos enfrentam sérios problemas de financiamento. Grande parte deles sofreu com o declínio orçamentário desde os anos 80. A pós-graduação, em compensação, enfrentou uma situação distinta porque dispõe de fontes mais estáveis e diversificadas de financiamento. Dados mais recentes atestam o predomínio da pós-graduação nas Universidades como lócus preferencial de execução dos recursos governamentais destinados a pesquisa no Brasil.

Tabela 3: Dispêndio em P&D por setor de financiamento e execução
(em mil R$)

Setor de financiamento	Ano	Governo	Ensino superior	Empresas	Privado	Total por setor de financiamento sem fim lucrativo
Governo	2000	3.881,20	2.599,50	2,5	12,1	6.495,30
	2001	2.954,20	4.483,80	4,6	15,1	7.457,70
	2002	2.765,70	4.978,10	2,9	14,2	7.760,90
	2003	3.245,40	5.509,60	53,6	16,2	8.824,80
	2004	3.435,80	5.825,40	51,2	16,8	9.329,10
Ensino superior	2000	-	143,6	-	-		143,6
	2001	-	179,3	-	-		179,3
	2002	-	241,9	-	-		241,9
	2003	-	321	-	-		321
	2004	-	359,6	-	-		359,6
Empresa	2000	-	-	4.433,00	-	4.433,00
	2001	-	-	4.912,90	-	4.912,90
	2002	-	-	5.409,20	-	5.409,20
	2003	-	-	5.896,30	-	5.896,30
	2004	-	-	6.428,00	-	6.428,00
Total por setor de execução	2000	3.881,20	2.743,10	4.435,50	12,1	11.071,90
	2001	2.954,20	4.663,10	4.917,50	15,1	12.549,90
	2002	2.765,70	5.220,00	5.412,10	14,2	13.412,00
	2003	3.245,40	5.830,60	5.949,90	16,2	15.042,20
	2004	3.435,80	6.185,00	6.479,20	16,8	16.116,80

Fonte: Indicadores do MCT, 2006

Esse maior peso da pós-graduação em detrimento de órgãos federais ou até estaduais constitui-se em uma importante tendência internacional (ver por ex. Mowery, 1996). Por ser multifuncional, a pós-graduação tem menores custos e maiores economias de escopo (Sirilli, 1998). Em decorrência, no sistema de pós-graduação brasileiro se concentra o maior número de profissionais atuantes na pesquisa e, obviamente, a maior parte dos recursos humanos em formação (Tabela 4).

Tabela 4: Recursos Humanos Alocados a P&D por Setor e Nível de Escolaridade (em equivalente tempo integral)

Nível de escolaridade	Ano	Setores				Total
		Governo	Ensino superior	Empresas	Privado	sem fim lucrativo
Pós-graduados	2000	4.094	21.012	2.953 287		28.346
	2001	4.104	22.939	3.009 355		30.407
	2002	4.112	24.865	3.065 421		32.463
	2003	4.621	29.666	3.121 494		37.902
	2004	5.128	34.467	3.177 565		43.337
Graduados	2000	646	1.220	17.161 127		19.154
	2001	548	1.386	17.665 228		19.827
	2002	450	1.550	18.170 328		20.498
	2002	474	1.766	18.674 378		21.292
	2004	497	1.981	19.178 426		22.082
Estudantes de pós-graduação	2000	731	27.585 -	43		28.359
	2001	715	28.037 -	48		28.800
	2002	698	28.786 -	51		29.535
	2003	674	30.344 -	57		31.075
	2004	647	30.146 -	62		30.855
Nível superior	2000	5.471	49.817	20.114 457		75.859
	2001	5.367	52.362	20.674	631	79.034
	2002	5.260	55.201	21.235 800		82.496
	2003	5.769	61.776	21.795 929		90.269
	2004	6.272	66.594	22.355	1.053	96.274

Fonte: Indicadores do MCT, 2006

O sistema de pós-graduação foi o principal responsável pelo destacável aumento produção científica brasileira nas últimas décadas (Figura 1).

Artigos publicados na base do SCI

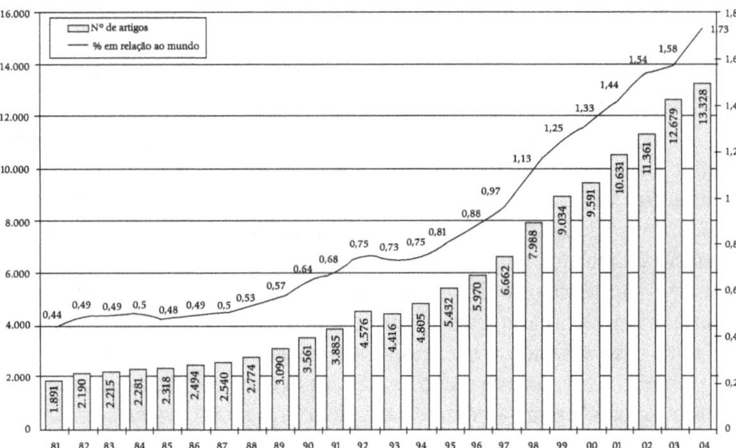

Fonte: Indicadores do MCT, 2006.

As políticas públicas de Financiamento à P&D

A política de apoio à P&D no Brasil teve várias frentes: financiamento à pesquisa básica, apoio aos institutos públicos de pesquisa, criação de laboratórios de pesquisa nas empresas estatais, financiamento à pesquisa do setor privado.

A mais antiga política de financiamento do Estado para P&D se deu através da criação de Institutos Públicos de Pesquisa que atendiam a determinadas demandas sócio-econômicas do país. Essa política data do fim do século XIX, ainda na fase de desenvolvimento primário-exportadora. Durante os anos de ouro do financiamento à P&D (anos 70) foram criadas novas instituições e as anteriores foram reforçadas. Porém, essa política sofreu uma grande inflexão a partir dos anos 80, com a crise econômica.

O Estado brasileiro sempre deu muito apoio à pós-graduação, tanto através da criação de Universidades públicas que contratam professores em tempo integral, como por meio do financiamento a bolsas de estudo de alunos de pós-graduação e de bolsas de pesquisa para a graduação. A política de apoio à pesquisa no sistema universitário não se limitou apenas a bolsas e à contratação de professores-pesquisadores, houve também a instituição do FNDCT (Fundo Nacional de Desenvolvimento Científico e Tecnológico) no final dos anos 60, que canalizou recursos para a pesquisa acadêmica. Os recursos do FNDCT sofreram muito com a crise dos anos 80, mas começaram a recobrar fôlego no final dos anos 90, com a criação dos Fundos Setoriais.

Os laboratórios de P&D das empresas estatais foram também criados durante a idade de ouro da CyT no Brasil. Tornaram-se protagonistas principais de um substancial esforço tecnológico setorial. Aglutinaram em torno de si Universidades, Institutos Públicos de pesquisa e empresas. No entanto, esses laboratórios públicos sofreram muito com a crise econômica dos anos 80 e a posterior privatização de uma parte importante dessas empresas. Mesmo assim, algumas iniciativas importantes permitiram que esse sistema não fosse desmantelado e que, em certos aspectos, ele fosse até reforçado. Em primeiro lugar, as privatizações não avançaram da mesma forma em todos os setores. Assim, a Petrobras e a Eletrobrás foram preservadas, mantendo-se seus respectivos laboratórios de pesquisa. Nos setores em que houve privatização, o governo decidiu preservar as estruturas de P&D. No setor de Telecomunicações, o CPqD foi separado da Telebrás e transformou-se em uma fundação. Havendo ou não privatização, a simples abertura do setor à concorrência poderia implicar em uma redução dos gastos em P&D das empresas, principalmente daquele feito nas Universidades e Institutos de Pesquisa Públicos (IPP). Por essa razão, o governo federal criou os fundos setoriais, para gerar uma fonte estável de recursos ao financiamento dos gastos de P&D de setores dominados pelas empresas estatais. Os fundos setoriais mais importantes são o do petróleo, da energia elétrica e de telecomunicações.

O impacto dos Fundos Setoriais ultrapassou essa demanda inicial. Eles criaram, na realidade, novas e volumosas fontes de recursos, tiradas diretamente das receitas líquidas desses setores. Esses recursos foram desviados pelo Ministério da Fazenda para o pagamento dos juros das dívidas internas e externas[3]. Apenas uma parcela dirigiu-se para o financiamento da P&D setorial. Ainda assim, eles representaram um substancial afluxo de novos recursos, que compensou o declínio dos gastos orçamentários com

---

[3] Estima-se que aproximadamente 50% dos recursos previstos em Lei não foram aplicados nos Fundos Setoriais até 2003 (Pereira, 2005).

CyT, após a crise econômica de 1998. Para determinados contextos setoriais, o advento dos Fundos significou um sensível aumento dos recursos dirigidos para CyT, quando comparado à situação anterior em que o setor era completamente estatizado.

O segmento da pesquisa acadêmica, dirigida a esses setores, foi significativamente beneficiado. Por uma questão, inclusive legal, os recursos dos Fundos só podiam, até recentemente, financiar instituições de pesquisa sem fins lucrativos. O balanço que se pode fazer hoje é que apesar da mudança institucional, os gastos de P&D desses setores estratégicos, onde atuavam as empresas estatais, mantiveram o seu nível ou até se ampliaram, apesar do governo haver desviado parte dos recursos dos Fundos Setoriais para outras finalidades.

A política de fomento à pesquisa, que se direcionou para apoiar à pós-graduação, foi mudando de acordo com o próprio progresso sistema brasileiro de inovação. No início buscou-se constituir uma massa crítica de recursos humanos em programas de pós-graduação. Posteriormente, as atividades de pesquisa da academia foram direcionadas para áreas consideradas prioritárias tais como: energia, novos materiais, biotecnologia, instrumentação, etc. Essa definição de áreas prioritárias se consolida no PADCT (Programa de Apoio ao Desenvolvimento Científico e Tecnológico), no início da década de 80. O fomento passa ser feito por meio de Editais para os quais concorrem todas as Universidades e Institutos públicos de pesquisa do país. No entanto, a política de fomento à pesquisa sempre esteve muito orientada para o ambiente acadêmico.

A partir dos anos 90, a política de fomento à P&D e à Inovação começou a incentivar a cooperação Universidades/IPP com Empresas. O PADCT III, lançado em 1997, criou um componente de desenvolvimento tecnológico, no qual passou-se a apoiar exclusivamente projetos cooperativos entre Universidades e Empresas. A capacidade de indução desse programa foi substancial, embora ele tenha recebido um apoio limitado (Furtado et al. 2002a e 2002b). Apesar dos cortes provocados pela crise da desvalorização do real em 1998, os recursos para pesquisa recobraram fôlego com o advento dos Fundos Setoriais. Com esse novo afluxo de recursos, houve uma retomada dos projetos cooperativos entre Universidade-Empresa. Pode-se afirmar que essa política de fomento à relação Universidade-Empresa está por trás do fato que esses atores sejam o segundo parceiro das empresas que cooperam para inovar, vista anteriormente.

Os projetos cooperativos se apoiaram no princípio de que o engajamento da Empresa teria que ocorrer por meio do financiamento de uma contrapartida financeira. Restringia-se a execução desses recursos, no entanto, às Universidades e Institutos de Pesquisa. Em decorrência, as empresas, para participarem de um projeto cooperativo, teriam que colocar uma contrapartida, aos recursos do FNDCT, para financiar uma pesquisa que estava sendo executada pelas Universidades. Embora o mais completo diagnóstico feito sobre o sistema brasileiro de CyT (o Livro Verde) apontasse que o setor produtivo era o elo frágil desse sistema, a política estava induzindo as empresas a co-financiarem a pesquisa sendo executada nas Universidades (Furtado, 2004).

Essa política não foi negativa, no nosso entender. Ela induziu uma parcela de empresas a cooperar com Universidades e Empresas no processo de inovação. Ela teve também o papel de estimular as Universidades e Institutos de Pesquisa a interagirem mais com as empresas na definição dos seus temas de pesquisa. No entanto, seu escopo de atuação se restringiu à pequena parcela das empresa capazes de financiar contrapartidas em projetos de pesquisa exploratória executados na academia, basicamente as grandes empresas.

Talvez a parte mais problemática da política do Estado seja o financiamento à inovação. Como foi visto por meio dos dados da Pintec 2003, a participação do setor público nos gastos de P&D das empresas é ainda bastante limitada no Brasil. Existem explicações pelo lado da demanda e da oferta. Do lado da demanda, poucas empresas alocam recursos para a inovação, principalmente para P&D. Segundo a Pintec, apenas 2,98% das empresas industriais têm atividades contínuas de P&D. Porém uma parcela, ainda menor, 1,8% e 0,7%, é capaz de introduzir inovações tecnológicas de produto ou processo, que sejam novas para o mercado brasileiro ou internacional (Ver Tabela 1).

A principal razão, porém, reside do lado da oferta. Os financiamentos oferecidos pelo setor público não se adequam às necessidades do setor produtivo. As compras governamentais constituem uma importante fonte de financiamento da P&D realizada pelo setor produtivo nos países desenvolvidos. Nos Estados Unidos, elas foram fundamentais para garantir a liderança das grandes empresas do setor aeroespacial, de defesa e eletrônico. No Brasil, essa política foi muito importante para alavancar a Embraer. No entanto, desde a democratização do país, no final dos anos 80, essa política, que era muito centrada no gasto militar e nos Institutos Públicos de Pesquisa, sofreu um grande retrocesso, comprometendo a continuidade dos grandes programas governamentais, como os programas aeroespaciais. Os ministérios militares vêm perdendo espaço dentro do gasto público em P&D até no período recente (ver Tabela 5)

**Tabela 5: Recursos do Governo Federal Aplicados em P&D
(mil Reais de 2002)**

	1996	1998	2000	2001	2002
Min. da Agricultura	881.539	769.881	674.658	663.554	599.975
Min. da CyT	1.551.889	1.253.563	1.262.738	1.479.478	1.162.715
Min. da Defesa	92.340	50.354	44.091	44.484	31.246
Min. da Educação	715.715	597.494	526.283	472.664	460.910
Min. da Saúde	334.573	428.092	537.976	682.486	644.651
Outros	23.767	33.315	46.086	19.165	23.095
Total União	3.559.823	3.132.699	3.091.832	3.361.831	2.922.592

Fonte: MCT

O Governo até recentemente não financiava as empresas com recursos a fundo perdido. A Finep, que é o órgão governamental encarregado de financiar a pesquisa do setor privado, empresta recursos para P&D a taxas de juros reais positivas, e é muito demorada em seu processo decisório. Somente a partir de muito recentemente, o governo federal começou a alterar sua política de financiamento para as empresas. O novo marco regulatório foi instaurado a partir da promulgação da Lei de Inovação (Lei 10.973 de 2004) e Lei do Bem (Lei 11.196). A Lei de Inovação criou o conceito da subvenção econômica, que possibilita o Governo destinar recursos a fundo perdido para as despesas com atividades inovativas de empresas. Esses recursos são alocados desde que a empresa entre com uma contrapartida. Posteriormente, o Governo definiu, através de portarias interministeriais, que 20% dos recursos do FNDCT destinar-se-ão para a subvenção econômica, dos quais 40% serão alocados a micro e pequenas empresas. Além do mecanismo da subvenção econômica, a Lei de Inovação permite que órgãos públicos contratem empresas para execução de desenvolvimento tecnológico sem que seja necessário passar pela Lei 8.666 de Licitações.

A Lei do Bem veio complementar a Lei de Inovação ao possibilitar que o governo federal financie, parcialmente, com recursos não reembolsáveis, e sempre mediante contrapartida, a contratação pela empresa de pesquisadores empregados em atividades de inovação tecnológica.

A subvenção econômica está sendo implementada com o lançamento de dois novos Editais pela Finep no final de 2006. A primeira linha de financiamento destina-se a pequenas e médias empresas apoiadas sobre o princípio da subvenção. A nova linha de Financiamento, chamada de PAPPE (Programa de Apoio à Pesquisa em Empresa), destina recursos a fundo perdido, com contrapartida de parceiros locais, para as pequenas e médias empresas, individualmente ou em grupo, para a realização de atividades inovativas em setores prioritários da Política Industrial (Fármacos e Medicamentos, Semicondutores e Software, Bens de Capital e Atividades Portadoras de Futuro: Nanotecnologias, Biotecnologias, Biomassas e Energias Renováveis). O PAPPE deverá contar com R$ 150 milhões pelo período de 3 anos.

A segunda linha de financiamento é a Chamada Pública de Subvenção Econômica para a Inovação. Essa chamada destina-se a aplicação de recursos a fundo perdido no custeio de atividades inovativas de empresas que atendam aos objetivos estratégicos da política industrial e de inovação. Os setores escolhidos são bastante variados, porém as tecnologias estão mais claramente definidas. Em fármacos e medicamentos, por exemplo, foram escolhidos os que se destinam ao combate da AIDS e da Hepatite. A novidade foi, desta vez também, a inclusão do setor aeroespacial, que não fazia parte dos setores prioritários da política industrial. Os recursos alocados para esse Edital elevam-se a R$ 300 milhões por um período de 3 anos.

Um terceiro Edital chamado de Carta-Convite para pesquisador em empresa constitui a concretização da Lei do Bem. Esse recurso se destina a financiar a fundo perdido, porém mediante contrapartida, a contratação de pesquisadores mestres e doutores pelas empresas empregados em atividades de inovação tecnológica.

Desafios para a Formação de um Sistema Regional de Inovação do MercoSul

O nível nacional é a dimensão básica de análise de um sistema de inovação. Isto porque é nesse nível que se constituem as principais relações sobre as quais se sedimentam esses sistemas. As instituições do Estado Federal (Central) foram decisivas para a compleição dos sistemas modernos de inovação. As dimensões regionais e setoriais são entendidas como subdivisões desses sistemas nacionais.

Já a dimensão internacional para a análise de sistemas de inovação começa a surgir mais recentemente em função da globalização e da internacionalização de atividades inovativas das empresas multinacionais. Além da globalização definida pela abertura dos mercados, existe uma internacionalização que é orientada por um projeto político determinado por Estados Nacionais. Esta é a rota dos países Europeus, que estão promovendo uma progressiva integração de suas economias e sociedades. Essa rota está mais próxima do que seria o caminho a ser empreendido pelos países do Mercosul, com vistas a integrar os seus respectivos subsistemas nacionais.

A política Européia é emblemática de como pode se articular uma política supranacional de CyT. Os gastos e os programas Europeus são mobilizados em áreas e atividades que não sobreponham às políticas nacionais existentes. São programas de cooperação internacional em campos específicos, ou então ações programadas no contexto dos programas quadros. A dinâmica interativa inaugurada na Comunidade Européia sob o comando de Estados Nacionais soberanos pressupõe que estes tenham firmado sistemas nacionais de inovação consistentes e articulados, em que o Estado Nacional já atue nos níveis básicos de um sistema nacional de inovação, que vai desde a formação de recursos humanos e passa pelos programas de fomento à pesquisa acadêmica e industrial.

No contexto sul-americano, e mais especificamente do Mercosul, o tipo de situação existente nos países desenvolvidos, em que os sistemas e políticas nacionais já estão consolidados, não se verifica. O primeiro desnível da região reside na pequenez dos sistemas nacionais, que ainda não alcançaram uma escala mínima, a partir da qual possa funcionar com um mínimo de sinergia. Os dados da Tabela 6 mostram o grande desnível entre os indicadores de esforços e de resultado, tanto em termos absolutos quanto relativos, dos países do Mercosul quando comparados aos vizinhos da América do Norte e à Espanha. O dispêndio em P&D do Mercosul, em conjunto, está abaixo do da Espanha, país que dedica um esforço relativo menor no contexto Europeu. O esforço e os resultados relativos (artigos e patentes) também estão muito aquém dos países desenvolvidos. Salvo o Brasil que possui um gasto próximo a de um pequeno país desenvolvido, os demais países ainda possuem sistemas muito acanhados.

Guillermo Rozenwurcel / Carlos Gianella / Gabriel Bezchinsky / Hernán Thomas

Tabela 6: Indicadores de CyT dos Países do Mercosul e de Alguns Países Desenvolvidos

	Gastos de P&D	P&D/PIB	Artigos/ Hab	Pesq/PEA	Patentes/ Hab.
Argentina	664,15	0,44%	14,70	1,91	2,10
Brasil	5.328,96	0,91%	9,79	0,91	5,99
Paraguai	5,81	0,08%	0,78	0,18	
Uruguai (*)	32,41	0,22%	11,78	1,00	2,61
Venezuela	278,84	0,25%	4,29	0,59	0,89
Total Mercosul	6.310,18				
Espanha	10.888,63	1,07%	75,34	4,92	8,60
Estados Unidos	312.068,00	2,66%	123,81	8,77	64,54
Canadá	18.971,82	1,96%	134,23	6,77	17,98

(*): 2002 e 1999 para patentes
Artigos/Hab.= Publicações no ISI por 100.000 habitantes
Pesq./PEA = Número de Pesquisadores em equivalente tempo integral por 1.000 integrantes da População Economicamente Ativa.
Patentes/Hab.= Número de patentes depositadas por residentes por 100.000 habitantes

Sem falar dos desníveis com os países desenvolvidos, mas apenas comparando os esforços relativos em P&D dos países do Mercosul entre si, percebe-se uma grande assimetria entre o Brasil e os quatros outros parceiros (Argentina, Paraguay, Uruguay e Venezuela). O Brasil é responsável por praticamente 85% do gasto de P&D do bloco. O dispêndio brasileiro se deve ao porte maior de sua economia, mas também a um maior esforço relativo. A intensidade em P&D do PIB brasileiro (0,91%) é mais do dobro do segundo colocado. O desnível entre os quatros países se manifesta, em maior medida, nos indicadores de esforços (gastos em P&D) do que nos indicadores de produtividade científica (artigos). Porém, o Brasil se destaca mais em termos de invenção (patentes) do que os seus parceiros, o que indica uma maior propensão ao entrosamento entre o braço científico e tecnológico do seu sistema de inovação.

A análise comparativa dos países do Mercosul revela que os sistemas estão ainda em diferentes estágios de maturatidade. O Brasil, devido ao seu maior porte econômico, mas também ao fato de mobilizar de maneira mais regular recursos para CyT, encontra-se numa posição de destaque na região. Os demais países têm dificuldade em consolidar sistemas com um nível mínimo de dinamismo interno. Esse desnível e a falta de tamanho mínimo da maioria dos sistemas nacionais dos países do Mercosul torna ainda muito difícil um avanço no sentido de uma maior integração regional. Uma política de CyT regional teria que contar com recursos e instrumentos que fossem complementares aos nacionais. Isso dificilmente ocorrer dada a escassez interna de recursos existente em cada um dos sistemas nacionais. Ademais ela teria que contar com o equilíbrio entre o que cada país coloca e o que ele recebe, o chamado princípio do "justo retorno", adotado pela Comunidade Européia em seus grandes programas.

Poucos países além do Brasil dispõe de capacidade financeira e tecnológica para se lançar em um programa de cooperação tecnológica de grande porte. A experiência européia demonstrou que a realização de grandes empreendimentos científicos e tecnológicos conjuntos contribui para a formação de sistemas regionais. Os exemplos dessa política são a Agência Espacial Européia, Euratom e Airbus. No caso do Mercosul, Brasil e Argentina, que possuem dois sistemas nacionais de porte relativamente mais próximos, não lograram consolidar uma iniciativa consistente em matéria de tecnologia aeroespacial e nuclear, áreas em que os dois países atuam. Houve alguns fracassos contundentes como o desenvolvimento conjunto entre o Brasil, através da Embraer, e a la Argentina, por meio da Fabrica Militar de Aviones, do CBA-123 (Cooperação Brasil Argentina), um turbohélice inovador de 19 lugares para o transporte regional passageiros. O avião foi desenvolvido principalmente pela Embraer. O projeto foi muito inovador do ponto de vista tecnológico, porém não conseguiu sequer comercializar uma única unidade. Esse projeto quase levou a empresa brasileira à falência.

Outro projeto de cooperação tecnológica entre o Brasil e a la Argentina foi o de desenvolvimento e lançamento de um satélite sensoriamento remoto entre o INPE e a CONAE, denominado de Sabiá 3. Esse projeto não chegou sequer a se concretizar. A cooperação entre o Brasil em matéria de satélites se limitou ao teste nos laboratórios do INPE dos satélites de sensoriamento remoto argentinos SAC 2 e SAC 3. Esses satélites, na verdade, são fruto de uma cooperação entre a NASA e a CONAE, em que os americanos se encarregaram de lançar os satélites argentinos.

Em compensação, demonstrando que tamanho é importante para dar início à cooperação Sul-Sul, Brasil e China tem realizado uma cooperação consistente no campo espacial. O INPE e a CAST desenvolveram conjuntamente e fabricaram dois satélites de sensoriamento remoto usados pelos dois países, que se encontram em faces opostas do planeta Terra. Os satélites, denominados de CBERS 1 e 2, foram lançados pelos foguetes chineses Longa Marcha na China em 1999 e 2003. O controle dos satélites é partilhado pelos dois países. As imagens são captadas por estações de recepção terrestres localizadas nos dois países. Um terceiro satélite, o CBERS 3, deverá ser lançado até o final de 2007, e o programa já tem continuidade prevista para mais dois satélites.

Políticas que buscam explorar as possíveis sinergias entre países do Mercosul possuem, sem dúvida, algumas potencialidades. No entanto, seu sucesso irá depender da capacidade dos governos em mobilizar mais recursos para CyT.

Conclusão

O sistema nacional de inovação brasileiro está ainda em formação. Os avanços realizados pela política de fomento para incentivar o relacionamento entre Universidade e Empresas e, mais recentemente, para induzir as empresas a aumentarem os seus gastos internos em P&D são notáveis. Os projetos cooperativos implementados no final dos anos 90 induziram as Universidades a se associarem às empresas em seu esforço inovativo. Pode-se dizer que uma parte importante da pesquisa aplicada teve que buscar as empresas como usuárias de seu conhecimento. Os dados da Pintec 2003 parecem corroborar que as Universidades e Institutos Públicos de Pesquisa se tornaram importantes parceiros do pequeno grupo de empresas que cooperam para inovar. Mais recentemente, a política governamental busca incentivar o gasto inovativo das empresas, que é considerado peça mais frágil do sistema nacional de inovação. Para realizar essa mudança foi necessário promulgar duas importantes Leis, a de Inovação e do Bem, que criaram as condições legais, anteriormente vedadas, de alocação de recursos públicos a fundo perdido para a P&D nas empresas. Essa mudança institucional é ainda muito recente e precisa ser ainda aplicada para poder ser avaliada. O segundo braço da Lei de Inovação, que constitui o uso do poder de compra governamental para o desenvolvimento tecnológico, ainda carece de regulamentação específica. Essas medidas, no entanto, tentam resolver a questão pelo lado da oferta de recursos, mas não necessariamente solucionam a falta de demanda tecnológica das empresas locais. As empresas brasileiras, com 10 ou mais empregados, gastaram 0,5% da receita líquida em P&D, em 2003, e apenas 1,26% delas cooperaram para inovar. A cultura da cooperação para inovar ainda está muito restrita a um pequeno grupo entre elas.

As perspectivas de formação de um sistema regional supranacional no Mercosul são ainda mais remotas, dado o tamanho ainda limitado dos sistemas nacionais e o desequilíbrio que existe entre eles. Apenas o Brasil reúne, na atualidade, condições para mobilizar recursos de forma consistente para a cooperação internacional em grandes programas tecnológicos, que foi o que caracterizou em seu início a formação do Bloco Europeu. A cooperação em matéria de CyT do Mercosul deveria se orientar pelos mesmos princípios que guiaram a política Européia de CyT. Essa política buscou se complementar às políticas nacionais, e não se substituir a elas. Ela também tratou de explorar ao máximo as sinergias, mas sempre em bases recíprocas, contemplando o princípio do justo retorno. Existem áreas de pesquisa nos países do Mercosul em que é possível tirar proveito de importantes sinergias. Sobre elas devem se centrar os esforços para a formação o sistema regional.

Referências Bibliográficas

FREEMAN, C. , 1992, Formal Scientific and Technical Institutions in the National System of Innovation. In: Lundvall, B. (Editor), *National Systems of Innovation, Towards a Theory of Innovation and Interactive Learning*, (Pinters Publishers, London), pp. 169-187.

FURTADO, A. T., 2004, Mudança Institucional e Inovação na Indústria Brasileira de Petróleo. In: *Pesquisas em Economia Industrial, Trabalho e Tecnologia*.1 ed.São Paulo : EITT/PUCSP, , p. 232-262.

FURTADO, A. T., TERRA, B., PASSOS, C. A. S., PLONSKI, G. A., 2002a, "Indicadores de de CyT para Avaliar os Programas de Cooperação entre Universidade e Indústria: Uma Análise do PADCT III". In: *Anais do XXII Simpósio de Gestão da Inovação Tecnológica*. São Paulo: NPGT-USP, CDrom.

FURTADO, A. T., HASEGAWA, M., FREITAS, A. G., 2002b, "Avaliação do Subcomponente Projetos Cooperativos Regionais e Setoriais (PCRS) do Programa de Apoio ao Desenvolvimento Científico e Tecnológico - PADCT III". In: *Anais do XXII Simpósio de Gestão da Inovação Tecnológica*. São Paulo: NPGT-USP, CDrom.

HERRERA, A. (2000), "Capacidade de Inovação Tecnológica x Capacidade Social de Inovação". In R. Dagnino (org.) *Amílcar Herrera: um intelectual latino-americano*, Campinnas-SP:UNICAMP/IG/DPCT.

IBGE, 2005, *Pesquisa Industrial de Inovação Tecnológica PINTEC 2003*, IBGE, Rio de Janeiro.

KATZ, J. (2000), "Cambios estructurales y productividad en la industria latinoamericana, 1970-1996". In: *Revista de la CEPAL*, N. 71, pp. 65-84.

LUNDVALL, B., 1988, Innovation as an interactive process: from user-producer interaction to the national system of innovation. In: G. Dosi, C. Freeman , R. Nelson , G. Silverberg and L. Soete (Edtitors), *Technical Change and Economic Theory*, (Pinter Publisher, London & New York), pp. 349-369.

LUNDVALL, B. (Editor), 1992a, *National Systems of Innovation Towards a Theory of Innovation and Interactive Learning*, (Pinters Publishers, London).

LUNDVALL, B., 1992b, User-Producer Relationships, National Systems of Innovation and Internationalisation. In: B. Lundvall (Editor), *National Systems of Innovation Towards a Theory of Innovation and Interactive Learning*, (Pinters Publishers, London), pp. 45-67.

MOWERY, D. ,1998, "The changing structure of the U.S. national innovation system: implications for international conflict and coopertion in R&D policy". In: *Research Policy*, Vol. 27, pp. 639-654.

NELSON, R. (Editor), 1993, *National Innovation Systems, A Comparative Analysis*, (Oxford University Press, New York and Oxford).

NELSON, R. and ROSENBERG, N., 1993, Technical Innovation and National System. In: R. Nelson, (Editor) *National Innovation Systems A Comparative Analysis*, (Oxford University Press, New York and Oxford), pp. 3-21.

PEREIRA, N. (2005), *Fundos Setoriais: Avaliação das Estratégias de Implementação e Gestão*, Textos para Discussão – IPEA, n° 1136, Brasília, Novembro.

SILVA, C.G. e PINTO de MELLO, L.C. (2001), Ciência, Tecnologia e Inovação. Desafios para a sociedade brasileira. *Livro Verde*. Ministério da Ciência e da Tecnologia/Academia Brasileira de Ciências, Brasília.

SIRILLI, G., 1998, "Old and new paradigms in the measurement of R&D". In *Science and Public Policy*, Vol. 25, n. 5, pp. 305-311.

Capítulo V

Luces y sombras de la política de innovación en Chile

Patricio Velasco [1]

Antecedentes

Analizar el Sistema Nacional de Innovación de Chile requiere necesariamente identificar previamente algunos factores de contexto que han sido de suma importancia en la evolución que ha tenido el país en materia de desarrollo científico, tecnológico y de innovación.

Dentro de ellos señalemos el cambio de estrategia de desarrollo ocurrido hacia mediados de la década de los años setenta cuando, de un modelo de sustitución de importaciones —que venía aplicándose en el país desde comienzo de los años treinta y cuyos principales resultados fueron disponer de un tejido productivo tradicional y poco competitivo, modesto crecimiento de la economía acompañada de frecuentes crisis económicas y sociales— se cambió a uno de economía abierta. Este cambio se produjo aceleradamente mediante una baja significativa de los aranceles a las importaciones lo que provocó una profunda reconversión productiva que implicó una orientación de la actividad económica hacia los sectores de exportación, principalmente de recursos naturales. Este nuevo escenario produjo una movilización significativa de recursos hacia esos sectores, lo cual fue alentado por una política de apertura y atracción de inversión extranjera basada sobre una disminución del ries-

---

[1] El autor agradece los comentarios de Diego Hurtado de Olivera (Secretario de Investigación, UNSAM) y del resto de los asistentes al seminario.

go país, lo que habilitaba inversiones de horizonte de plazos mayores y de mayor contenido tecnológico.

En este contexto, los objetivos principales en el manejo de las políticas públicas en el ámbito económico se orientaron a lograr un equilibrio macroeconómico y al control de la inflación, objetivos que se han mantenido constantes hasta la actualidad y gozan de un amplio consenso en la sociedad chilena. Este consenso se basa, en parte importante, en que ha demostrado ser eficaz si se considera que desde comienzos de la década de los noventa, la economía chilena ha tenido un crecimiento acelerado a tasas promedio superiores al 6% anual, lo que ha permitido casi duplicar el ingreso *per capita* entre el año 1990 y el año 2005 y consecuentemente reducir la brecha con respecto a los países desarrollados.

En términos de exportaciones, si bien el cobre sigue siendo el producto más importante, se aprecia una diversificación gradual en términos de mercados de destino y productos, aunque insuficiente si se considera que los veinticinco principales productos de exportación de Chile representan el 75% del total exportado, en circunstancias que en los países desarrollados ellos constituyen menos del 60%.

Por otra parte, la reducción de la pobreza en Chile ha constituido uno de los principales objetivos de la política pública a partir de comienzos de los años noventa, lo que ha podido materializarse gracias al crecimiento de la economía que ha permitido generar mayor empleo y mejoras sostenidas de los salarios. En 1990, cerca del 40% de la población pertenecía a la categoría de pobres en tanto que el año 2003 esa cifra se redujo a más de la mitad, constituyendo una experiencia inédita en la historia del país. Sin embargo, esta disminución rápida y significativa de la pobreza no ha ido asociada con una mejor distribución del ingreso, lo que explica que Chile ocupe una de las peores posiciones en esta materia a nivel mundial. Ahora bien, hay acuerdo en que para lograr cumplir simultáneamente con ambos propósitos —altas tasas de crecimiento y mejor distribución del ingreso— es necesario aumentar los actuales niveles de inversión y asegurar un incremento sostenido de la productividad, aspecto este último que está estrechamente relacionado con la I+D (investigación y desarrollo), transferencia tecnológica y la innovación productiva.

Evolución de la política de I+D e innovación

A inicios de la década de los noventa, se comienza a estructurar por primera vez en el país, en forma sistemática, una verdadera política cien-

146

tífico-tecnológica a partir de la creación y puesta en marcha de dos fondos públicos orientados a subsidiar actividades de I+D llevadas a cabo por universidades, institutos tecnológicos, empresas y otras entidades públicas y privadas.[2]

En 1992 se crea el Fondo Nacional de Desarrollo Tecnológico (Fontec)[3] dependiente de la Corporación de Fomento de la Producción (Corfo) destinado a fortalecer la innovación tecnológica al interior de las empresas mediante el cofinanciamiento de proyectos destinados a mejorar sus procesos o productos; y el Fondo de Fomento al Desarrollo Científico y Tecnológico (Fondef) dependiente de la Comisión Nacional de Investigación Científica y Tecnológica (Conicyt) cuyo objetivo era potenciar la capacidad de I+D y fortalecer la infraestructura tecnológica, a través del cofinanciamiento de proyectos pre-competitivos ejecutados por universidades e institutos tecnológicos en asociación con empresas.

Uno de los objetivos de estos fondos era lograr una participación más activa de las empresas por la vía de incorporar sus intereses y necesidades en la investigación de forma de fortalecer el modelo exportador vigente, basado principalmente sobre recursos naturales, de manera de lograr mayor competitividad y asegurar así la posición de Chile en los mercados internacionales crecientemente dinámicos y globalizados por el ingreso de nuevos actores.

Fruto de la puesta en marcha de estos fondos a través de la operación regular de los instrumentos de fomento relacionados con ellos, a partir de los años 90 se observa un aumento en la vinculación de la investigación con la actividad productiva, lo que se traduce en un incremento, aunque limitado, de la inversión en I+D de las empresas (el financiamiento de contraparte constituye un requisito de los proyectos) y la consolidación de capacidades al interior de las universidades para el desarrollo de investigación conjunta. Cabe señalar que hasta entonces, la relación existente entre universidades y empresas no constituía una prioridad del quehacer académico y se limitaba a relativamente pocas actividades conjuntas, principalmente del tipo de asistencia técnica. Por tanto, la importancia de este período se relaciona con el hecho de que consti-

---

[2] Para mayor información, ver estructura del Sistema Nacional de Innovación y una breve descripción de los principales fondos tecnológicos al final de este artículo.
[3] Hasta esa fecha, sólo existía Fondecyt, fondo de financiamiento de la investigación científica y tecnológica básica.

tuye un primer intento de definición de una política pública en materia de I+D, la cual se materializa a partir del diseño y operación de los instrumentos de fomento de los fondos públicos recientemente creados.

Esta política que podríamos denominar implícita, constituyó el principal medio de organización de la actividad en ciencia, tecnología e innovación en Chile y permitió iniciar rápidamente en los años 90 la inversión pública en este ámbito, principalmente a través de los fondos concursables, donde las prioridades estaban determinadas desde la demanda, y se disponía de pocas y limitadas políticas de I+D e innovación sectoriales.

En una segunda etapa, que esquemáticamente cubre el período 1995-2000, se introdujeron ajustes a la política de I+D e innovación de manera de responder a tres objetivos particulares:

1.- Incrementar sustantivamente el rol de las empresas privadas en actividades de I+D e innovación.

2.- Asegurar el impacto de la investigación realizada por universidades e institutos tecnológicos mediante proyectos de I+D que combinen excelencia científica con relevancia económica de manera de lograr el impacto genérico más inmediato en los sectores productivos.

3.- Fortalecer la infraestructura tecnológica nacional, apoyando la modernización de los institutos tecnológicos públicos, fomentando la creación de empresas de servicios tecnológicos e impulsando la conformación de una red de centros tecnológicos públicos y privados.

Consistente con lo anterior, los fondos tecnológicos reorientan parte de su quehacer y de una modalidad de financiamiento exclusivo de la oferta tecnológica proveniente de universidades e institutos tecnológicos, pasan a una de carácter mixto más orientada por la demanda con inversiones en áreas específicas tales como acuicultura, tecnologías de información y comunicación, biotecnología, entre otros. La mayor exigencia para la obtención de impactos más significativos de las inversiones públicas condujo a las entidades beneficiarias (especialmente universidades) a crear o reforzar dispositivos internos de apoyo a la gestión de los proyectos y a la valorización de los resultados de la investigación, aspecto claramente insuficiente. En forma paralela, los fondos tecnológicos ponen a disposición de los usuarios nuevos instrumentos complementarios destinados a reforzar los aspectos de transferencia tecnológica de los resultados de la investigación, tales como patentamiento, desarrollo de planes de negocio, y diseño de productos, entre otros.

Junto con ello se observa la necesidad de financiar iniciativas de mayor envergadura del tipo Consorcios Tecnológicos Empresariales y Consorcios de Investigación y Desarrollo Cooperativo en una perspectiva de inversión más focalizada en sectores específicos donde se habían constituido *clusters* productivos tales como la acuicultura (en especial salmones), fruticultura, vitivinicultura, por nombrar algunas. Este requerimiento de mayor escala determina la necesidad por parte de los fondos, de atender conjuntamente los nuevos requerimientos dada la imposibilidad de que cada uno de ellos lo haga de manera individual, tanto por razones financieras como organizacionales. Desde el punto de vista de la participación de las empresas en estas iniciativas, se requería de una efectiva asociatividad así como de un financiamiento al menos igual al aporte público por parte de éstas.

Otro de los aspectos característicos de esta etapa es que por primera vez se considera la variable regional dentro de la política de I+D e innovación, en atención a que se observa un significativo rezago en el desarrollo de capacidades en las regiones, lo cual no es compatible con un objetivo de desarrollo equilibrado y de largo plazo. El propósito de esta acción pública es atender entonces las necesidades de desarrollo local mediante el fortalecimiento de la capacidad de I+D e innovación y la formación de masa crítica en disciplinas o materias específicas definidas en función de las potencialidades de desarrollo estratégico de cada una de las regiones.

Aspectos críticos a nivel del desempeño de la política

La puesta en marcha del sistema constituye la fase inicial del proceso de aprendizaje que han tenido los diferentes actores e instituciones vinculados con el quehacer de I+D e innovación. Esta fase está marcada por un conjunto de resultados en la construcción del sistema entre los que es posible señalar la legitimación de la acción gubernamental, aspecto no trivial considerando que la política económica hasta el retorno a la democracia hacía hincapié en la prescindencia de la acción del Estado en beneficio del mercado como único asignador de recursos. Asimismo, a partir de esta primera fase se incrementa el gasto en I+D principalmente de fuente pública lo que permite sustentar actividades más permanentes de investigación llevadas a cabo principalmente por las universidades e institutos tecnológicos pero también por parte o al interior de empresas.

Otro de los aspectos positivos alcanzados durante este período se refiere al desempeño satisfactorio de las instituciones de fomento de la I+D e innovación por la agilidad en su operación, eficiencia dado el bajo costo de administración del sistema y alto estándar de cumplimiento. A su vez, los procesos productivos de los fondos, vale decir convocatoria a concurso, evaluación y selección de proyectos así como el control y seguimiento son homogéneos entre ellos de manera que no introducen distorsiones en el sistema. También se señala como aspecto positivo alcanzado durante este período, una legitimidad general del sistema de fondos concursables por su alta transparencia en el proceso de asignación de recursos y por la incorporación paulatina de nuevos usuarios, lo que permite ampliar la base de demanda.

Desde el punto de vista de las limitaciones no superadas durante esta fase, se señala con frecuencia la ausencia de un diseño global sistémico y coherente el cual se tradujo en la falta de programas marcadamente diferentes de acuerdo a la naturaleza de sus actividades y el tipo de resultados promovidos, donde la organización de los fondos públicos está definida por el tipo de clientes o beneficiarios de los programas más que por objetivos de política. Ello responde acaso a un alto grado de autonomía de los fondos, lo que les permite en forma individual negociar con las autoridades financieras del gobierno su presupuesto anual y en función de ello definir los incentivos otorgados en cada uno de los instrumentos bajo su administración. Lo anterior explica una tendencia creciente hacia una duplicación de esfuerzos, más aún cuando paulatinamente se fue diluyendo la claridad programática de los fondos.

En cuanto al proceso de formación de capacidades, resulta evidente la heterogeneidad según actores, sectores productivos y regiones del país. Así por ejemplo, en las universidades se consolidan líneas de investigación en las cuales habían acumulado una mayor competencia debido a actividades previas pero no logran desarrollar capacidades de gestión de la innovación y menos aún materializar negocios tecnológicos. Cabe señalar a modo de ejemplo, la paupérrima cantidad de patentes solicitadas y obtenidas por estas instituciones a lo largo de su existencia. En el ámbito empresarial, podemos observar que innovaciones en procesos o productos se incorporan muy lentamente y a pequeña escala en las empresas y aun cuando los subsidios son importantes y están abiertos sin restricción, anualmente una cantidad no superior a las doscientos empresas hace uso de ellos sin que esto signifique por lo demás que la innovación sea parte de sus respectivas estrategias de desarrollo competitivo. Los institutos tecnológicos por su parte, logran como resultado de este proceso de formación de capacidades, una mayor especialización y consolidación técnica en áreas asociadas a nuevos desafíos tecnológicos y objetivos de política pública pero fracasan, al igual que las universidades, en el desarrollo de capacidades de gestión de la innovación y de negocios tecnológicos.

En atención a lo anterior, existe consenso en orden a que el Sistema Nacional de Innovación del país enfrenta en la actualidad un conjunto de problemas producto de la particular construcción institucional en este ámbito, de fallas en el diseño de instrumentos en función de objetivos de política y producto también del proceso de maduración del sistema que ha exacerbado tensiones que no han podido ser superadas. En términos generales, estos problemas se manifiestan en la falta de directrices, descoordinación, duplicidad de funciones, bajo esfuerzo total en el gasto en investigación y desarrollo, dispersión de programas, baja participación del sector privado, poca focalización de la investigación, falta de desarrollo del mercado de capitales, falta de masa crítica para la I+D e innovación, y ausencia de un sistema permanente de monitoreo y evaluación del sistema.

El escenario actual: hacia un enfoque integrador

Existe actualmente una modificación importante del Sistema Nacional de Innovación a partir de la creación de una nueva institucionalidad, constituida por el Consejo Nacional de Innovación para la Competitividad y la reciente creación del Fondo de Innovación para la Competitividad (FIC) a partir de un impuesto específico a la minería, que ha significado adicionar importantes recursos a los presupuestos públicos destinados a este ámbito.

La principal función del Consejo es asesorar a la Presidencia de la República en todos aquellos aspectos relacionados con las políticas de innovación para la competitividad, incluyendo los campos de la ciencia, la formación de recursos humanos especializados y el desarrollo, transferencia y difusión de tecnología. Este Consejo está llamado a constituirse en una instancia de coordinación de los actores del SNI. Como tareas específicas, el Consejo debe elaborar para un período de doce años una Estrategia Nacional de Innovación para la Competitividad así como proponer el destino de los recursos asignados al Fondo de Innovación para la Competitividad. Del mismo modo, debe sugerir las reformas destinadas a reorientar la institucionalidad y perfeccionar los instrumentos públicos en materia de innovación, asi como las acciones para fomentar una cultura de innovación y una mayor participación del sector privado. Por último, le cabe hacer el seguimiento, controlar la ejecución y rendir cuentas respecto de la estrategia de innovación.

Recientemente, este Consejo entregó a la Presidenta de la República un segundo informe donde se identifica un conjunto de acciones destinadas a superar las actuales limitaciones que presenta el Sistema, toda vez que define siete objetivos estratégicos: a) desarrollo de capital humano, lo que implica en forma urgente mejorar la calidad de la educación, especialmente a nivel de enseñanza primaria y secundaria; b) disponer de actividad científico-tecnológica compatible con las necesidades en materia de innovación; c) intensificar la innovación que se realiza al interior de las empresas; d) promover una cultura de la innovación en la sociedad para que sea valorada e incorporada como factor clave en el desarrollo del país; e) contar con una institucionalidad que asegure la gobernabilidad del sistema toda vez que oriente, coordine y sincronice las políticas públicas en materia de innovación; f) asegurar el desarrollo de las regiones del país a través de la generación y aplicación de estrategias de innovación locales adecuadas a sus potencialidades; y g) disponer de infraestructura habilitante compatible con las necesidades.

Los principales aspectos limitantes que identifica dicho informe, se refieren a la necesidad de estructurar una institucionalidad eficiente que permita eliminar las incoherencias y debilidades actuales, aumentar el esfuerzo nacional (tanto público como —especialmente— privado) en innovación expresado en el gasto en I+D; fomentar la cooperación público-privada en este ámbito, así como monitorear y evaluar sistemáticamente las políticas públicas en esta materia.

Una revisión sumaria de las principales propuestas y lineamientos contenidos en el documento nos permiten identificar la necesidad de: i) fortalecer el Sistema Nacional del Innovación asegurando su gobernabilidad y conducción; ii) crear capacidades en las regiones; iii) definir nuevos focos para el establecimiento de prioridades lo que implica un adecuado balance entre neutralidad (demanda) y selectividad (focos asociados a áreas temáticas, sectores productivos o clusters); iv) estimular a la empresa privada nacional y extranjera especialmente en torno a los *clusters* asociados a los recursos naturales donde el desafío es lograr aumentos de productividad, especialmente al interior de las pymes mediante mecanismos de difusión tecnológica; v) asegurar nuevos emprendimientos de base tecnológica; vi) crear nuevas unidades de investigación asociadas a empresas transnacionales (servicios intensivos en tecnología); vi) desarrollar nuevas redes entre empresas y universidades, tanto a nivel nacional como internacional.

Es importante advertir que este trabajo mantiene un carácter altamente especulativo y no está basado sobre evidencia que presente sistemáticamente y ofrezca mediciones respecto de:

* Los requerimientos efectivos y el papel que le cabe a proyectos de innovación en el desarrollo competitivo de las empresas;
* los esfuerzos efectivos que se deben realizar a nivel de empresas y entidades tecnológicas para garantizar que los resultados de los proyectos y las actividades innovativas lleguen al mercado;
* los requerimientos de formación de capacidades, infraestructura y recursos humanos, que se deben realizar a nivel de empresas y entidades tecnológicas de frente a los desafíos y oportunidades efectivos de desarrollo.

Con todo, el documento de marras será complementado con otros estudios entre los cuales uno de ellos, en elaboración, se aboca a analizar la competitividad en *clusters* de la economía chilena, el cual pretende identificar nuevos espacios para incubar sectores con potencial en forma adicional al mapa estratégico ya elaborado, definir las acciones de incentivo que debe emprender el Estado para promoverlos, e individualizar las brechas que muestran un espacio para mejorar la competitividad.

Sin embargo, es necesario considerar una mirada amplia que dé cuenta por una parte, de las particulares condiciones y necesidades del país en materia de innovación, y por otra que alcanzar condiciones de competitividad sólidas y de largo plazo implica articular coherentemente los distintos dispositivos en forma equilibrada bajo una concepción de cadena del conocimiento donde la investigación que provee nuevo conocimiento, la formación de recursos humanos altamente especializados y la infraestructura disponible deben combinarse y proyectarse de manera de transformar esa capacidad en herramientas que permitan su utilización práctica (desarrollo tecnológico) y su incorporación en el mercado (innovación).

El actual estado de desarrollo económico-productivo del país, plantea el desafío creciente de disponer localmente de capacidades de manera de poder dar respuesta a problemas u oportunidades específicas ya que éstas no provendrán del exterior. En esa perspectiva es imprescindible identificar a un nivel más preciso que el señalado en el informe, aquellas áreas en las cuales el país debe orientar su acción de manera de construir desde ya las condiciones que le permitan abordarla con éxito. Es decir, la generación de competitividad en áreas o sectores industriales particulares, debe ser el punto de partida para articular un conjunto de dispositivos y acciones que lo hagan factible, lo que arranca desde la producción nacional de conocimiento, la disponibilidad de capacidades humanas e infraestructura y condiciones de entorno favorables.

Estructura del Sistema Nacional de Innovación

El Sistema Nacional de Innovación está compuesto por un conjunto de actores del ámbito tanto público como privado que pueden agruparse en torno a tres niveles:

Administración Pública: integrada por organizaciones orientadas al diseño de políticas públicas en el ámbito de la ciencia, tecnología e innovación.

Fondos y apoyo público a actividades de innovación: organismos encargados de financiar y apoyar las actividades que realizan universidades, empresas, institutos tecnológicos y otros actores que participan en el proceso innovativo.

Beneficiarios: constituidos por el conjunto de actores sujetos de las políticas, incentivos y recursos destinados al fomento y apoyo de la ciencia, tecnología e innovación.

Esquema Institucional Público de Apoyo a la Innovación

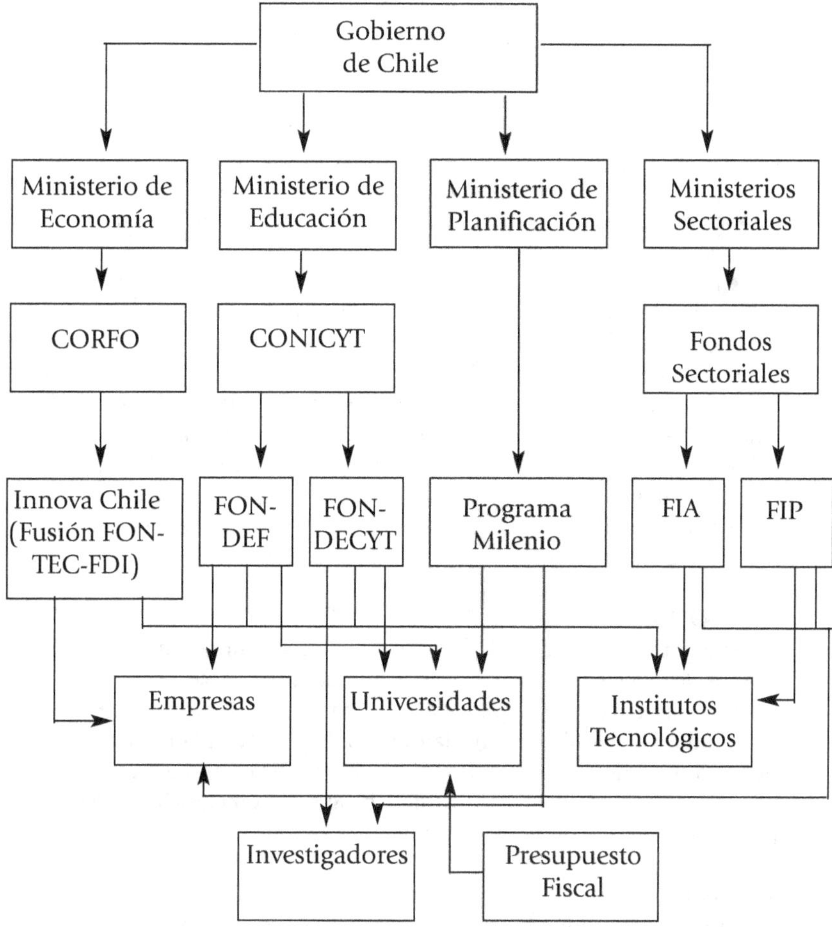

Fuente: Ministerio de Economía, 2005

Los Fondos Públicos más importantes

• *Innova Chile*

Se enfoca principalmente en la empresa privada, apoyando e incentivando la innovación en este sector. Fomenta la innovación tecnológica en todas sus formas, desde la I+D de productos y procesos, hasta la transferencia, adopción, adaptación y difusión de tecnologías. Su funcionamiento es en general bien evaluado en términos de la amplia oferta de servicios e instrumentos de apoyo a disposición de las empresas.

- *FONDECYT*

Orientado a la investigación científica y tecnológica básica, su misión es fortalecer y desarrollar la investigación en todas las áreas del conocimiento. Es un programa muy bien evaluado en términos de excelencia, transparencia y la neutralidad con la que se dirige a todas las disciplinas científicas.

- *FONDEF*

Es un programa dirigido a universidades e institutos de investigación, para la realización de proyectos de I+D, en asociación con empresas. Para materializar el vínculo con el sector productivo —indispensable para la I+D relevante— se exige el aporte de recursos de una o más empresas como condición de aprobación de un proyecto. Este programa ha tenido el mérito de promover el interés del investigador por los problemas de la empresa. Sin embargo, su principal limitación es que pese al aporte privado exigido no ha logrado concitar en magnitud suficiente el interés recíproco de la empresa por proyectos de este tipo.

- *FONDAP*

Se especializa en el apoyo a grupos de investigadores agrupados en centros de excelencia, beneficiando a entidades con experiencia demostrada en investigación científica y participación en postgrados de nivel doctorado. Tiene objetivos similares a FONDECYT con la diferencia de que apoya a grupos de científicos con el objeto de crear masa crítica. Es una iniciativa bien evaluada, con siete programas en ejecución, de propósitos similares al programa Milenio.

- *FIA*

Su misión es fomentar y promover procesos de innovación agraria orientados a fortalecer la competitividad de las distintas actividades de la agricultura nacional.

- *Iniciativa Científica Milenio*

Programa creado con el apoyo del Banco Mundial, cuyo objetivo ha sido crear Institutos y Núcleos científicos de excelencia en diversas disciplinas y áreas temáticas. En la actualidad hay tres institutos y doce núcleos y se estima que hay capacidad para crear algunos más. Milenio es muy bien evaluado por la calidad de sus programas, su total respeto a la excelencia y sus buenas conexiones internacionales.

- *FIP*

Se dedica al financiamiento de proyectos de investigación pesquera y acuícola en los aspectos técnico, biológico, económico, sociocultural y ecosistémico, con el propósito de poner a disposición de las autoridades, sector privado y comunidad científica los antecedentes necesarios para la administración, fijación de políticas, manejo y desarrollo sustentable de los recursos pesqueros del país.

Parte 3:

Mercosur: elementos para una nueva agenda

Capítulo VI

Regulación, innovación e integración en el Mercosur. Un modelo para armar a partir de la problemática ambiental y energética

Gabriel Bezchinsky[1]
Centro de iDeAS - UNSAM

Relación regulación-innovación: un desencuentro histórico

La relación entre regulación e innovación no ha sido tenida en cuenta históricamente en el diseño de políticas, siendo que en general el proceso de innovación está más influido por la política económica y por normas y regulaciones de tipo general de la economía que por la política de innovación propiamente dicha. Si bien la literatura sobre sistemas de innovación ha incluido explícitamente esta relación, esto no se ha reflejado en el terreno de la formulación de políticas.

Podemos decir que existen tres generaciones de políticas de innovación:

1. La basada sobre un enfoque lineal de la innovación, busca construir capacidades de I+D por el lado de la oferta;
2. la basada sobre el concepto de sistema de innovación, busca mejorar las interacciones entre los distintos actores; y
3. la basada sobre el concepto de que la innovación debe estar presente en todas las áreas de política y contemplada en el marco regulatorio y los instrumentos de política pública.

---

[1] El autor agradece los comentarios de Guillermo Anlló (CEPAL) y del resto de los asistentes al seminario

Mientras que la mayoría de los países implementan políticas que pueden caracterizarse como una combinación de la primera y la segunda, la tercera generación de políticas se encuentra aún en sus comienzos, si bien está ganando importancia y consideración a nivel de los *policy makers*, en particular en la Unión Europea, un espacio económico que, por su propia naturaleza, está permanentemente sujeto a un proceso de armonización normativa y regulatoria.

La posibilidad de que un país logre *alcanzar* altos niveles en indicadores como I+D / PBI ó I+D privada / I+D total no depende únicamente —y podríamos decir que no depende principalmente— de los incentivos que plantee la política de innovación, sino de un conjunto de incentivos que deben provenir de la política económica en general (cambiaria, financiera, comercial, fiscal), de las políticas sectoriales, de la política de defensa de la competencia, del marco institucional, de regulaciones laborales, ambientales, etc.

Impacto de las regulaciones sobre el proceso de innovación

Las regulaciones pueden tener impacto sobre el proceso de innovación por distintas vías. Una forma directa es a través del aumento o la disminución de los recursos disponibles para la innovación, por medio de los costos de administración, información y cumplimiento, o de la disponibilidad de apoyo público. Otro tipo de impacto es el que modifica las trayectorias innovativas, haciendo que ciertos esfuerzos en materia de innovación resulten más o menos atractivos. Por ejemplo, las regulaciones en materia ambiental pueden generar incentivos para el desarrollo de nuevos productos o tecnologías que ayuden a cumplir con esas regulaciones. Por último, las regulaciones influencian los procesos de innovación, premiando o inhibiendo ciertas actividades de innovación: el apoyo para capacitación puede incentivar la realización de este tipo de actividades en detrimento de otras.

Podemos decir que existen tres tipos de regulaciones, según el impacto que tienen sobre los procesos de innovación:

1. Las que operan sobre los insumos del proceso de innovación: investigación, educación, financiamiento, que tienen que ver con la construcción de capacidades;

2. las que operan sobre los factores que guían el proceso de innovación (política de competencia, política comercial, regulaciones sobre las empresas, derechos de propiedad), que hacen al funcionamiento de los mercados; y
3. las que operan sobre los resultados e impactos del proceso de innovación (medio ambiente, empleo, política regional), que se orientan a asegurar la sustentabilidad del proceso, incluyendo la redistribución de costos y beneficios.

De esta manera, prácticamente todas las medidas de política y las regulaciones sobre la vida pública (no sólo las estrictamente económicas) tienen impactos potenciales sobre el proceso de innovación. Sin embargo, hay algunas que son especialmente relevantes por la magnitud de ese impacto. A continuación mencionaremos algunas de las que tienen mayor impacto, según se ha revelado en la experiencia reciente de nuestra región, y de la Argentina en particular, y describiremos brevemente las características que en teoría tienen los impactos potenciales.

Política comercial: en teoría, el libre comercio debería estimular la innovación, dado que las empresas locales deben hacer frente a la competencia en el mercado local de las empresas de otros países, que cuentan con tecnologías y prácticas productivas más avanzadas. A partir del incremento en la competitividad que les induce esa exposición a la competencia, las empresas estarían en condiciones de ingresar con éxito en los mercados externos. Además, la posibilidad de ingresar a otros mercados les permite tener escala para desarrollar nuevos productos y capacidad de diferenciación para adaptarse a las necesidades de esos mercados, generando un "círculo virtuoso" de competencia e innovación.

En el campo de la política comercial se inscriben los procesos de integración regional, como el Mercosur, que se sustentan en la idea de que la liberalización del comercio en un ámbito regional, entre países con niveles de desarrollo relativamente similar, es un camino apropiado para que las empresas se adapten y aprendan para una posterior liberalización más amplia del comercio.

Política de competencia: en teoría, se requiere una competencia efectiva para que los mercados funcionen eficientemente, los consumidores puedan ejercer su libre elección, permitiendo la fijación correcta de los precios y evitando que los monopolios ejerzan un poder abusivo. La relación entre competencia e innovación es bidireccional: la competencia promueve la innovación, y la innovación refuerza la competencia.

Por ejemplo, el desarrollo de la industria de Internet se vio fuertemente impulsado por la política que aplicó la FCC (Comisión Federal de Comunicaciones de Estados Unidos) durante un período de treinta años, orientada explícitamente a promover la competencia y la innovación a través de la exigencia de mantener la infraestructura de redes abierta, lo que facilitó el acceso masivo a costos razonables, como destacan Bar *et al* (2000). Sin una política de este tipo, señalan los autores, ese desarrollo seguramente no hubiera sido tan rápido y vigoroso y no hubiera dado lugar a una serie de innovaciones complementarias.

Privatizaciones: la privatización de empresas públicas podría tener un impacto positivo sobre el proceso de innovación, si se dan algunas condiciones que no siempre están presentes en este tipo de procesos. En primer lugar, la existencia de marcos regulatorios que favorezcan la innovación (por ejemplo, a través de la fijación estándares de calidad a los productos o servicios, y de requisitos de integración local o de desarrollo de proveedores). En segundo lugar, la eficiencia de los organismos públicos encargados de controlar el cumplimiento de los contratos y, en tercer lugar, la consistencia del marco regulatorio con la realidad económica local y con la política económica. En efecto, el impacto de un proceso de privatización sobre la innovación será limitado (o incluso negativo) si el marco regulatorio es adecuado pero las instituciones encargadas de hacerlo cumplir no funcionan, o si los incentivos de la política económica favorecen la introducción de paquetes tecnológicos importados sin el desarrollo de encadenamientos locales.

Inversión extranjera: crecientemente, las empresas transnacionales son los actores que determinan y definen la competencia y la dinámica en los mercados globales y existe una concepción bastante difundida de que las posibilidades de crecimiento y de inserción activa en el proceso de globalización están vinculadas con la atracción y radicación de inversiones extranjeras. En efecto, la radicación de una empresa extranjera, con tecnologías y prácticas productivas que se encuentran en la frontera internacional, puede producir en el medio local una serie de encadenamientos y de externalidades positivas para la economía del país receptor. Sin embargo, esto depende tanto de aspectos sectoriales y regulatorios como de la estrategia específica que tenga la firma al instalarse en el país.

Medio ambiente: la constatación de los impactos negativos sobre los recursos naturales y sobre el medio ambiente ha llevado a muchos países a aplicar regulaciones cada vez más estrictas sobre muchas actividades económicas. Un efecto que han tenido estas regulaciones fue el de promover el surgimiento de nuevos desarrollos tecnológicos que permiten realizar actividades industriales o de otro tipo con impactos mucho menores sobre el medio ambiente.

La reforma de los 90

La década del 90 se caracterizó por el hecho de que casi todos los países de América Latina implementaron procesos de reforma estructural. La Argentina no ha sido una excepción en este sentido sino que, por el contrario, algunas de las reformas han sido paradigmáticas en la región por su profundidad y por los cortos tiempos de su implementación.

la Argentina aplicó desde principios de la década del 90 un ambicioso plan de reformas que apuntaron a reducir significativamente el peso del Estado, que había caracterizado a la economía del país durante el modelo de sustitución de importaciones. La idea central sobre la que se basaron las políticas aplicadas, en línea con los postulados del Consenso de Washington, es que el mercado es el mecanismo más eficiente para asignar los recursos en la sociedad, y que por lo tanto, el Estado debía retirarse de todos los ámbitos en los que tradicionalmente había intervenido para dejar actuar a los mecanismos de mercado.

La reforma del Estado en la Argentina tuvo como marco normativo tres leyes fundamentales: la de Convertibilidad, la de Emergencia Económica y la de Reforma del Estado.

A partir de 1991 se implementó el plan de estabilización, conocido como Plan de Convertibilidad, que se basó en la fijación del tipo de cambio en una relación de uno a uno entre el peso y el dólar y en la prohibición de emitir moneda sin el correspondiente respaldo en divisas. Esta medida significó eliminar la posibilidad de que el Estado maneje tanto la política cambiaria como la política monetaria. Si bien se logró el objetivo buscado de estabilizar la economía luego de dos episodios *hiperinflacionarios*, su continuidad por un lapso tan prolongado generó un fuerte retraso del tipo de cambio y una extrema vulnerabilidad de la economía, dado el fuerte peso del endeudamiento externo y la dependencia del movimiento internacional de capitales.

Asimismo, se implementó un programa de privatización de empresas públicas que se destacó por su celeridad y amplitud. En efecto, entre 1991 y 1993 se privatizaron las empresas de telecomunicaciones y aeronavegación, las tenencias accionarias en la industria petroquímica, áreas centrales y periféricas de explotación petrolífera, más de un tercio de la red nacional de carreteras, ramales ferroviarios, el transporte y distribución de gas natural, de la energía eléctrica, la empresa Obras Sanitarias de la Nación, la principal empresa del país, Yacimientos Petrolíferos Fiscales, entre otras.

En lo que hace a la política de desregulación, a principios de la década se eliminaron los regímenes de control de precios, las restricciones a la inversión extranjera, se liberalizó el mercado de cambios y los flujos internacionales de dinero, y se desreguló el mercado petrolero, entre las medidas más importantes. En una segunda etapa se avanzó en otras áreas, como algunos aspectos del mercado de medicamentos, el funcionamiento aduanero, la organización portuaria y del transporte marítimo, la apertura del mercado de transporte automotor de pasajeros de media y larga distancia y del transporte aéreo de carga, la desregulación del mercado del seguro, etc.

La convertibilidad fue acompañada por la apertura comercial, implementándose una baja generalizada de aranceles que configuraron una economía mucho más expuesta a la competencia internacional que la que estuvo en vigencia desde la primera posguerra, en línea con los principios de liberalización comercial que rigen en los acuerdos internacionales (anteriormente el GATT y actualmente la OMC).

Brasil aplicó un programa de inspiración similar a la del argentino, si bien con algún desfasaje temporal, y sin la extensión e intensidad que alcanzó éste.

El proceso del Mercosur

Finalmente, si bien no formaba parte del "paquete" de reformas inspiradas en el Consenso de Washington, dentro del mismo cabe incluir al proceso de integración regional. El Mercosur, que reconoce como antecedentes a los acuerdos sectoriales con Brasil de la década del ´80, tuvo su inicio formal con el Tratado de Asunción de 1991 que planteó que, después de una etapa inicial de liberalización del comercio intra-regional, se avanzaría en una política comercial común, llegando a conformar un territorio aduanero unificado.

Transcurrido un período de más de quince años de los acuerdos iniciales, si bien se avanzó en la liberalización del comercio intra-regional, no ocurrió lo mismo en lo que respecta al tratamiento de las asimetrías estructurales y de política ni en la creación de mecanismos institucionales que permitieran avanzar en la coordinación de políticas y la reducción de esas asimetrías. Además de la inestabilidad macroeconómica que afectó a los países miembro (especialmente a partir de la segunda mitad de la década del 90), no hubo voluntad política de avanzar en las tareas que requiere un proceso de integración profunda, y en algunos momentos hubo incluso políticas y acciones claramente contrarias a tal objetivo.

El Mercosur es, hasta el momento, un proceso de integración altamente imperfecto, aún en términos de lo que estaba originalmente planteado. Su profundización, además de la concreción de la unión aduanera y de la conformación efectiva de un mercado ampliado, requeriría de una agenda de armonización de regulaciones nacionales y del diseño e implementación de regulaciones supranacionales. Si bien la mayoría de las regulaciones e instrumentos de política nacionales son neutrales en términos de la integración profunda del Mercosur, los que realmente importan en términos de recursos, como los regímenes de inversión, admisión temporaria, o zonas francas, tienen efectos negativos importantes.[2]

Dada la forma en que se planteó el proceso, los desincentivos a la innovación superaron largamente a los incentivos. Podemos identificar varios factores que obstaculizaron (y obstaculizan) la integración en esta materia como las asimetrías estructurales y regulatorias, las dificultades para la reconversión de sectores, la gran cantidad de normas e instrumentos y el alto grado de descoordinación al interior de los países. Todo lo anterior se suma a la ya mencionada ausencia de iniciativas de armonización regulatoria y de disminución de las asimetrías.

El proceso de integración es en sí mismo un cambio regulatorio mayor, que opera fundamentalmente sobre el funcionamiento de los mercados. Si este cambio en las condiciones de funcionamiento de los mercados de bienes y servicios es exitoso, impone a su vez la necesidad de avanzar en nuevas regulaciones que complementen y perfeccionen el proceso.

El programa de reforma europea es el programa de modernización más comprensivo de la historia de la Comunidad Europea. Los puntos salientes de ese programa son: reforzar los estándares; mejorar el uso de los recursos escasos; mejorar la gestión financiera; una nueva política de personal; mejorar la prestación de servicios; simplificación; reducir la confusión (por ejemplo, sobre subsidios e incentivos); reducir los costos burocráticos (en particular, para las PyMEs).

Sin embargo, por las razones ya mencionadas, el proceso del Mercosur se inició y desarrolló en el marco de un proceso de reformas estructurales

---

[2] Ver Baruj, Kosacoff y Porta (2006)

más amplio y en algunos aspectos contradictorio con los objetivos de la integración profunda. Esto hizo que en todo momento esos objetivos quedaran supeditados a otros vinculados con el proceso de reforma que cada país estaba implementando y a los objetivos de corto plazo de las políticas económicas nacionales, de modo que los impactos del proceso de integración fueron mucho menores y más coyunturales que lo que hubiera sido deseable.

Reformas e innovación en la Argentina

El programa de reformas implementado trajo aparejado un cambio significativo en el funcionamiento de la economía argentina.

El Plan de Convertibilidad fue exitoso en el objetivo de frenar el proceso hiperinflacionario que se había instalado en el país. El PBI creció a una tasa promedio del 5,8% entre 1991 y 1998 (aún teniendo en cuenta la recesión post-tequila de 1995), liderado fundamentalmente por el crecimiento de la inversión y del consumo.

Este fuerte incremento de la absorción doméstica generó un déficit creciente de la cuenta corriente, que fue financiado con endeudamiento externo —al que recurrieron tanto el Estado como las grandes empresas y el sistema financiero.

Una característica distintiva de los efectos del programa de reforma sobre el funcionamiento de la economía fue la concentración de los mercados, y en particular, el alto grado de participación de las empresas extranjeras en la economía. En efecto, este fenómeno se verifica no sólo en los sectores de servicios públicos privatizados, sino también en los servicios privados (bancos, comercio), en los sectores extractivos (petróleo, minería), en la industria manufacturera (automotriz, química y petroquímica, alimentos y bebidas, etc.), y en la tenencia de la tierra.

Mientras que estas empresas eran el 44% de las quinientos empresas más grandes del país en 1992, en 2002 pasaron a representar el 68%. En términos de valor de producción su importancia es aún mayor, ya que del 60% que representaban en 1993 pasaron al 81% en 2002. Desde el fin de la convertibilidad esa participación se ha mantenido relativamente estable.

Las empresas transnacionales, que en muchos países emergentes realizan en forma creciente actividades de alto valor agregado (incluyendo I+D), en la Argentina han tendido a desarrollar pocos encadenamientos locales a partir de sus actividades, especialmente luego de la puesta en marcha de las reformas de los 90. Esto se debió, por una parte, a que el régimen de incentivos macro fue funcional a esa estrategia de inserción, y por otra, a que no hubo ninguna política pública que requiriera, orientara o incentivara a las empresas a realizar actividades como el desarrollo de proveedores locales, investigación y desarrollo, etc.

En lo que respecta a los grupos económicos locales, que se habían expandido y consolidado fuertemente durante las décadas del 70 y 80, en los 90 participaron como socios de las empresas extranjeras en el proceso de privatizaciones, para luego retirarse parcialmente, y reingresar al negocio luego de la devaluación.

Los cambios en el funcionamiento de la economía indujeron una serie de respuestas diferenciadas entre las empresas, en particular entre las PyMEs. Algunas reaccionaron defensivamente, destacándose los siguientes patrones de comportamiento:

1. Redimensionamiento y racionalización indiscriminada: los cambios en el contexto macroeconómico en el que debieron desenvolverse, con el consiguiente incremento de la "incertidumbre estratégica", llevaron a muchas empresas a reacciones exageradas o a producir racionalizaciones que terminaron por debilitar aún más sus capacidades para competir en el nuevo escenario.
2. Ampliación del componente importado: las nuevas condiciones impuestas por la apertura y la revaluación del peso llevaron a muchas empresas a reemplazar componentes nacionales por importados, a reducir el valor agregado local, desplazándose hacia esquemas crecientemente basados en el ensamblaje, y a una mayor vulnerabilidad y exposición externa.
3. Reemplazo de productos propios por representación de empresas del exterior: en muchos casos, el proceso descripto en el punto anterior llegó al extremo del abandono de la producción industrial para dedicarse a la comercialización de líneas de productos del exterior, del mismo rubro o de rubros relacionados.
4. Desplazamiento hacia servicios: en otros casos, el proceso anterior llevó a algunas empresas a abandonar la producción industrial a favor de actividades de servicios vinculados con los rubros a los que se dedicaban anteriormente: mantenimiento, reparación, etc.
5. Exportación de saldos: muchas de las empresas que siguieron produciendo realizaron actividades de exportación, aunque en general no encaradas como un proyecto de largo plazo, sino como

forma de dar "salida" a producción excedente, y por lo tanto, sin continuidad ni posibilidad de desarrollo estratégico, posicionamiento, diversificación de mercados, etc.

Sin duda, esto resultó agravado por el proceso recesivo del período 1998-2002. Más allá de estas respuestas defensivas, muchas empresas desaparecieron. En algunos casos se trató de razones micro-estructurales que no pudieron revertir, mientras que en otros se produjo por una intensa competencia en un lapso muy corto, que no les permitió adaptarse al nuevo contexto.

En lo que hace específicamente a los procesos innovativos en las empresas, la experiencia de las reformas en la Argentina difiere significativamente de lo que predice la teoría. Un rasgo que define el comportamiento de las empresas argentinas en general, y las industriales en particular, es que los esfuerzos innovativos que realizan son escasos. La SECyT y el INDEC realizaron en la última década tres encuestas sobre el comportamiento tecnológico de la industria argentina, que permiten realizar una buena caracterización de este fenómeno[2].

El siguiente gráfico muestra los resultados más salientes referidos a los esfuerzos de innovación de las empresas.

Esfuerzos de innovación de las empresas

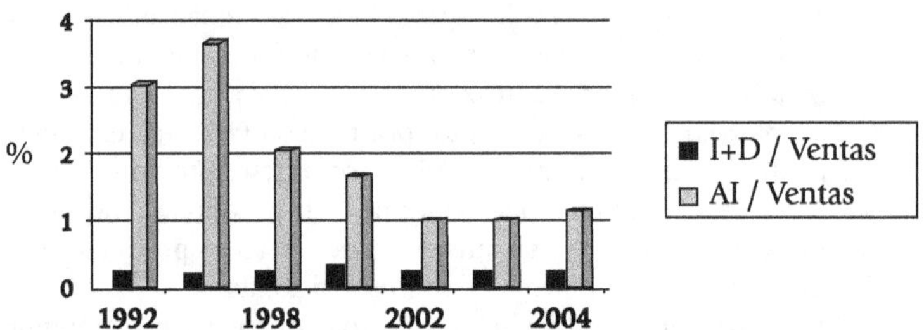

Fuente: Elaboración propia en base a Encuestas Nacionales de Innovación (SECyT)

---

[2] La primera se realizó en 1997 (releva datos del período 1992-1996). La segunda corresponde a 2002 (con datos para 1998-2001), mientras que la tercera se realizó en 2005, con datos del período 2002-2004.

El primer rasgo a destacar es el bajo nivel de inversión en investigación y desarrollo, tanto como el de actividades de innovación en general (que incluyen la I+D y actividades como asistencia técnica a la producción, ingeniería de proyecto, reorganización administrativa, organización general, comercialización de nuevos productos). En segundo lugar, se destaca el impacto que la crisis ha tenido sobre los esfuerzos de innovación de las empresas. Finalmente, en la etapa post-crisis se verifica una recuperación de los niveles de inversión (en particular en I+D), aunque todavía siguen en niveles sumamente bajos si se los compara a nivel internacional, incluso con países de la región como Brasil o Chile.

Vale la pena señalar asimismo que algunas empresas argentinas invierten en IyD valores del orden del 10% o más (casos como Biosidus, INVAP y muchas de las nuevas empresas de software). Sin embargo, se trata por el momento de casos aislados que están lejos aún de poder constituir una masa crítica.

Resulta interesante mostrar algunos resultados que surgen de la comparación de las dos últimas encuestas de innovación disponibles:

1. El 78.3% de las empresas manifiesta haber realizado alguna actividad innovativa entre 1998 y 2001. En 2002-2004, ese porcentaje subió a 83%.
2. En las grandes empresas está generalizada la realización de esfuerzos innovativos. En cambio, la brecha con las pequeñas empresas es muy grande.
3. El monto destinado a las actividades de innovación fue $3.241 millones en 2004, $1.419 millones en 2001 y $1.983 millones en 1998. El promedio por firma innovativa rondó el millón de dólares para 1998 cayendo a 744.000 dólares en 2001, y recuperándose hasta 1,3 millones en 2004.
4. Se verifica una fuerte concentración del gasto destinado a innovación en el rubro adquisición de bienes de capital (67%); si a esto se le suma el 3% de los gastos destinados a Hardware, obtenemos que el 70% del esfuerzo de modernización tecnológica se expresa en la compra de equipos (conocimiento incorporado al capital). Debido a los incentivos explícitos de la política económica, la gran mayoría de esas compras son importaciones, lo que debilita la trama del SNI.
5. Un 14% del gasto empresarial se destina a actividades que se desarrollan al interior de la empresa. El 16% restante se destina a actividades de innovación que se desarrollan de manera externa a la

firma pero implican un grado de interacción importante de los recursos humanos de la firma.

Estos resultados muestran un cuadro "mixto", en el que por un lado se verifica que un buen porcentaje de las firmas realizan actividades de innovación, y por el otro, que esas actividades están muy concentradas en un grupo de empresas (fundamentalmente grandes) y en la adquisición de conocimiento incorporado en bienes de capital importados y con un bajo nivel de interacción al interior del SNI.

El régimen macroeconómico vigente desde el colapso de la convertibilidad, sumado a una coyuntura internacional favorable caracterizada entre otras cosas por altos precios de las commodities, ha tenido un efecto positivo sobre la actividad económica en general y sobre la industrial en particular, como lo muestran las altas tasas de crecimiento del período 2002-2008. Sin embargo, este crecimiento no modificó los bajos requerimientos del sector productivo al sistema científico-tecnológico. Una de las manifestaciones de que continúa vigente el perfil de especialización previo, basado en commodities es el hecho de que la estructura de las exportaciones sigue siendo similar a la de finales de los 90.

Otra de las limitaciones que enfrentan las empresas en general, y las PyMEs en particular, es la grave dificultad de acceso al crédito. Esta dificultad ya se verificaba antes de la crisis de 2001/2002 y no se ha revertido, a pesar de la notable recuperación de la economía y del sistema financiero. Más aún, esa dificultad se agudiza para el caso de las actividades de innovación, que implican mayor riesgo. A la falta de desarrollo de instrumentos específicos para el financiamiento de este tipo de actividades (como capital de riesgo, créditos de devolución contingente, créditos participativos, etc.) se suma el hecho de que los bancos en general son renuentes a incursionar en operaciones financieras vinculadas con proyectos innovativos, como sí lo hacen en otros países.

En lo que respecta al rol de la inversión extranjera en el SNI, como se ha mencionado anteriormente, el mismo ha sido menor, a pesar de la creciente importancia de las empresas extranjeras en la economía argentina, fundamentalmente a partir del masivo ingreso de capitales externos durante la década del 90. Los esfuerzos endógenos de las filiales se concentraron en la capacitación del personal y las mejoras en calidad. De las empresas privatizadas sólo una de las prestadoras telefónicas mantuvo durante un tiempo un laboratorio de investigación y desarrollo no vinculado al de la casa matriz, para cuestiones operativas. Entre las firmas manufactureras,

los mayores esfuerzos los encontramos en fabricantes de equipos de telecomunicaciones y en algunas empresas del rubro alimentario orientadas a
la exportación de productos básicos[4]. En los últimos años, ya luego de la
devaluación, se destacan algunos casos potencialmente interesantes, como
la instalación de una filial de Motorola para desarrollo de software para
teléfonos celulares, o la más reciente de Intel también para desarrollo de
software, ambas en Córdoba. Sin embargo, los impactos sobre el medio
local no parecen ser muy significativos.

Innovación: Nueva oportunidad para el Mercosur?

En el último lustro, los países del Mercosur ampliado están dando
prioridad a sus políticas de innovación a través de cambios institucionales e incrementos presupuestarios, que reflejan un mayor peso del tema
en la agenda pública.

No es esperable que este hecho por si sólo, en ausencia de instancias
de coordinación regional, genere una dinámica distinta de la que ha tenido el bloque hasta el momento. La experiencia previa no abona una
posición optimista, y cabe pensar que cada país tiende a diseñar e implementar sus políticas de innovación en forma independiente (y aún con-
trapuesta) a la del resto.

Sin embargo, podría pensarse que existe una oportunidad para repensar escenarios de cooperación y para que el Mercosur comience a transi-
tar, al menos parcialmente, por algunos senderos más virtuosos que los
que se han dado hasta el momento.

Hay algunos temas de la agenda actual de la región que exceden a la
integración comercial, como los asuntos ambientales, la explotación de
los recursos naturales o la energía, que plantean la necesidad de lograr
algún grado de coordinación regional, de manera de evitar impactos
negativos sobre el medio ambiente y los recursos naturales. Tal vez sea
posible plantear algunos de estos temas como "anclas" para regulaciones
consensuadas y para políticas de alcance regional, que incluyan a las
políticas de innovación y que permitan dar algunos pasos en la dirección
de un sistema regional de innovación.

---

[4] Ver Chudnovsky y López (2007)

Un caso que ilustra bien las posibilidades de este enfoque es el de la instalación de plantas de fabricación de pasta de celulosa en la región, aunque el momento actual no es el más apropiado, debido al mal manejo que la Argentina y el Uruguay han hecho del tema, que ha llevado a un conflicto de proporciones impensadas entre ambos países.

Todos los países de la región cuentan con una importante dotación de recursos naturales, que pueden ser adecuadamente explotados, garantizando su preservación y minimizando los impactos negativos sobre el medio ambiente. A su vez, todos los países necesitan realizar importantes inversiones que les permitan sostener sus procesos de crecimiento.

Varios países de la región han comenzado a promover activamente la radicación en sus territorios de inversiones en plantas de fabricación de pasta de celulosa. En general son inversiones de gran envergadura, orientadas fundamentalmente a la exportación (y por lo tanto generadoras de divisas[5]), aunque pueden tener fuertes externalidades ambientales negativas.

Las empresas transnacionales que se dedican a la actividad, que son los actores más relevantes en este sector, están planeando importantes inversiones para los próximos años, previendo un importante crecimiento en la demanda mundial de papel. En general, buscan invertir en países en desarrollo, debido a una serie de factores, como condiciones naturales excepcionales, regulaciones ambientales más laxas que tienen esos países, exenciones fiscales, etc. América Latina en general, y los países del Mercosur ampliado en particular, son localizaciones privilegiadas para ese tipo de inversiones.

Esta situación plantea un dilema para las políticas nacionales: cómo promover inversiones sin depredar los recursos naturales propios, ni afectar negativamente el medio ambiente. Pero también plantea un dilema de coordinación regional, en la medida en que las externalidades pueden afectar severamente a los países vecinos, dado que en general los ríos sobre los que suelen instalarse estas plantas son recursos compartidos (o bien en el lugar de instalación, o bien aguas abajo).

Este dilema tiene tres tipos de soluciones posibles:

1. Solución no cooperativa 1: los países compiten por atraer inversiones, sin ningún marco de acuerdo regional, lo que puede generar una

---

[5] El balance de divisas debe contabilizar los egresos por importaciones, dividendos, regalías, etc.

guerra de "subsidios ambientales" en la que cada país ofrece más beneficios a los inversores, fundamentalmente a través de menores regulaciones ambientales. Los inversores aprovechan esta situación, negociando condiciones cada vez menos exigentes. Esto llevaría a una degradación generalizada del medio ambiente, no sólo en los países que logren atraer más inversiones, sino de la región en general.

2. Solución no cooperativa 2: los países buscan imponer trabas a la radicación de estas inversiones en países vecinos, llevados por la presión de la creciente conciencia ambiental de los habitantes de las regiones en las que se propone radicar las inversiones[6]. Esto podría llevar a que no hubiera inversiones, o que las hubiera en mucha menor cantidad que la que podría realizarse en ausencia de este tipo de trabas.

3. Solución cooperativa: los países acuerdan establecer ciertos estándares ambientales consensuados a los que los inversores deben ajustarse y un conjunto de reglas relativas a las políticas de forestación, de radicación y promoción de inversiones (tanto de las plantas propiamente dichas como de actividades complementarias), de controles, de promoción de actividades complementarias, y de proyectos de I+D que puedan contribuir a minimizar los impactos ambientales negativos, a preservar y mejorar los recursos naturales, y a diversificar la actividad económica y a desarrollar los encadenamientos locales. Esto permitiría atraer inversiones, promover la innovación, y realizar una asignación equitativa de beneficios y costos.

Otro caso interesante y de gran actualidad es el de la producción de biocombustibles. La coyuntura de altos precios del petróleo llevó a una "explosión" de proyectos para la producción de combustibles derivados de productos de origen vegetal, fundamentalmente la producción de etanol a partir de caña de azúcar o de maíz, y de biodiesel a partir de soja.

Mientras que Brasil es uno de los líderes en la producción de biocombustibles, con una experiencia de más de dos décadas en la producción de etanol, la Argentina es uno de los principales exportadores de soja, y tiene la tecnología y la capacidad para convertirse en un importante productor de biodiesel. Las señales de mercado y las regulaciones que han impuesto muchos países, por las cuales en pocos años habrá que cumplir

---

[6] Como ocurre actualmente en el caso de Gualeguaychú.

con cortes mínimos de biocombustibles en las naftas y el gasoil, parecen indicar que la producción de biocombustibles será altamente rentable.

Sin embargo, como se ha señalado desde una visión crítica, si se dejara actuar exclusivamente a las fuerzas del mercado, lo más probable es que se acentúe el proceso de expansión de la explotación agropecuaria a expensas de otras producciones o de la desaparición de bosques nativos, con un modelo de alta concentración de la producción (y por lo tanto, de los beneficios).

En cambio, una solución concertada a nivel regional permitiría definir criterios de especialización de cada uno de los países (y regiones dentro de los países), de usos del suelo, de diversificación de cultivos, y necesidades de I+D que permitan fortalecer las cadenas de valor tanto en biocombustibles como en alimentos, conservando y mejorando los recursos naturales.

La diversificación de cultivos (como el tártago, la colza, etc), la promoción de otras producciones (como el biodiesel a partir de algas), la investigación sobre la obtención de biocombustibles a partir de celulosa (en cuyo caso se podría complementar también con la política forestal y con la actividad de producción de pasta de celulosa), son algunos ejemplos de posibilidades de diversificación de materias primas para la producción de biocombustibles a nivel regional que permitirían un desarrollo del sector sin poner en riesgo la producción alimentaria ni la sustentabilidad de los recursos naturales.

En un esquema de este tipo, los sistemas nacionales de ciencia y tecnología podrían jugar roles que hasta el momento no han cumplido. Entre ellos, se pueden mencionar: análisis y recomendaciones sobre opciones técnicas de distintos proyectos productivos; participación en ámbitos regionales permanentes de trabajo sobre aspectos técnicos de la regulación (incluyendo nuevas regulaciones y revisión y actualización de las existentes), asesoramiento a las instancias políticas de negociación, participación en la supervisión y control de la aplicación de la normativa, soporte tecnológico para el desarrollo de proveedores y de encadenamientos productivos, desarrollo de actividades de I+D relacionadas con la actividad productiva principal y las secundarias, la conservación de los recursos naturales, etc.

Algunas conclusiones

El Mercosur es hasta el momento un proceso de integración altamente imperfecto, que desde sus inicios ha estado relegado respecto de las prioridades de corto plazo de cada uno de los países miembro. La voluntad política de sostenerlo no ha pasado de esporádicas declaraciones de los funcionarios de los distintos países, pero poco se ha avanzado en la institucionalidad que permita realizar avances significativos y darle sustentabilidad.

Sin embargo, en algunos casos como los mencionados existen fuertes externalidades transfronterizas potenciales, en donde la solución deseable es la optimización conjunta. En estos casos, los mecanismos de mercado no generan una solución cooperativa sino que, por el contrario, pueden dar lugar a soluciones de pérdida para todos los actores.

Como se mencionó anteriormente, las soluciones cooperativas generan mayores beneficios, pero exigen desarrollar mecanismos institucionales y asumir compromisos políticos y de recursos que se puedan sostener en el tiempo.

Hasta ahora, el Mercosur demostró no haber sido capaz de generar este tipo de mecanismos y de compromiso. La trascendencia de las problemáticas ambiental o energética hacen que la falta de ese compromiso pueda llevar a un deterioro severo del medio ambiente y de los recursos de la región, y no simplemente, como ocurrió hasta ahora, a tener escasos resultados en la integración económica profunda. Tal vez estas problemáticas puedan servir como "ancla" para encarar un proceso que no se dio hasta el momento por la vía de la integración comercial clásica.

Bibliografía

Baruj, G., Koscacoff, B. y Porta, F. (2006), "Políticas nacionales y la profundización del Mercosur. El impacto de las políticas de competitividad", CEPAL, Buenos Aires.

Bisang, R., Lugones, G. y Yoguel, G. (comp.) (2002), "Apertura e innovación en la Argentina. Para desconcertar a Vernon, Schumpeter y Freeman", Miño y Dávila editores, Buenos Aires.

Carciofi, R. y Gayá R. (2006), "Comercio bilateral la Argentina-Brasil. Hechos estilizados de la evolución reciente", Intal-ITD, Documento de divulgación N° 40, Intal, Buenos Aires.

Chudnovsky, D. y López, A. (2007), "Inversión extranjera directa y desarrollo: la experiencia del Mercosur", *Revista de la CEPAL* N° 92, Agosto 2007, CEPAL, Santiago de Chile.

Chidiak, M. (2007), "Foreign Direct Investment, International Rules and Sustainable Development: Some preliminary lessons from the Uruguayan pulp mills case", mimeo, Buenos Aires.

Chidiak, M. (en prensa), "Comercio internacional, inversiones y desarrollo sustentable: una perspectiva argentina, documento de trabajo", CEPAL, Buenos Aires.

Intal (2007), "Informe Mercosur", N°12, BID-INTAL, Buenos Aires

Kosacoff, B. (coord.) (2004), "Evaluación del desempeño y aportes para un rediseño del Mercosur Una perspectiva desde los sectores productivos argentinos", CEPAL, Buenos Aires.

Lugones, G.(coord.), Peirano, F., Suárez, D., Giudicatti, M. y Anlló, G. (2005) "Análisis del perfil de especialización y de las estrategias innovativas de las firmas argentinas", Proyecto: Sistema Nacional y Sistemas Locales de Innovación, Estrategias Empresarias y CEPAL – Colección Documentos de proyectos Condicionantes Meso y Macroeconómicos, Proyecto de la Secretaría de Ciencia y Tecnología (SECyT).

Capítulo VII

Cooperación tecnológica, innovación y gestión ambiental

Martina Chidiak[1]
Centro de iDeAS - UNSAM[2]

Introducción

Una reflexión sobre el potencial interés y las principales temáticas que deberían ser abordadas en un sistema regional de innovación (SRI) en el Mercosur no puede soslayar las cuestiones ambientales.

La temática ambiental es muy amplia y sus vínculos con aspectos que hacen al desarrollo tecnológico y productivo, numerosos. Por ello, las consideraciones puestas en relieve en este artículo se concentran en dos temáticas que se consideran centrales.

En primer lugar, los vínculos entre las capacidades (privadas y públicas) en materia de gestión ambiental (GA), la innovación productiva y el fortalecimiento de las cadenas regionales de valor. Estos vínculos, que han sido explorados en diversos trabajos publicados en la última década y media conciernen, sin duda, al interés y al potencial de un SRI para facilitar el logro de una mejor gestión ambiental. Por ello, se buscará poner

---

[1] La autora agradece los comentarios de Rodolfo Ugalde (Instituto de Investigaciones Biotecnológicas, UNSAM) y del resto de los participantes del seminario.

[2] Las reflexiones incluidas en este artículo son de carácter personal y fueron motivadas por la temática del seminario. De todos modos, cabe notar que las visiones aquí expresadas se construyeron sobre la base de los resultados de varios análisis realizados en la oficina de CEPAL en Buenos Aires entre 2004 y 2006 sobre los vínculos entre gestión ambiental empresaria, capacidades tecnológicas y competitividad.

en relieve los principales vínculos y temas destacados en la literatura para enmarcar la discusión.

En segundo lugar, se presenta y se comenta la evidencia empírica regional que sugiere una notable coincidencia en la percepción empresaria y las características de la GA de las firmas industriales en Brasil y la Argentina, los dos países de mayor tamaño del Mercosur. Ello debería contribuir a la cooperación tecnológica en materia ambiental, en clara contraposición con lo que se observa en la práctica, como se discute a continuación.

Por último, y en base a lo anterior se destacan varias oportunidades (algunas relegadas y otras perdidas) para fortalecer la cooperación tecnológica en cuestiones vinculadas a lo ambiental. Aquí el término "cooperación tecnológica" en el marco del Mercosur apunta a un objetivo posiblemente menos ambicioso que el de construir un sistema regional de innovación, pero quizás más razonable en el contexto actual. Sin duda, la cooperación permitiría avanzar en la misma dirección que un SRI: fortalecer las capacidades tecnológicas y productivas para el desarrollo sustentable.

Los vínculos entre gestión ambiental empresaria e innovación

Diversos trabajos han planteado desde inicios de los años 90 una nueva visión sobre la relación entre innovación y GA o hasta quizás más dramáticamente, una nueva concepción del vínculo entre competitividad y GA (Porter y van der Linde, 1995; Palmer, Oates y Portney, 1995; López, 1996).

Hasta entonces, y quizás simplificando un poco, la visión económica "tradicional" destacaba que la gestión ambiental empresaria (en respuesta, por ejemplo, a nuevas regulaciones ambientales) sólo podía traer aparejados mayores costos de inversión y de producción, y por ende tendería a debilitar la competitividad empresaria. Esto ocurriría no sólo debido a mayores costos sino también por el "desplazamiento" de inversión productiva en un marco de recursos limitados para la inversión.

La llamada "hipótesis de Porter" surgida a principios de los años 90 y ampliamente debatida desde entonces, desafía la visión anterior. En particular, la critica por considerarla "estática". La nueva visión sostiene, en cambio, que las empresas pueden volverse más competitivas luego de ajustar su gestión ambiental ante el surgimiento de nuevas exigencias o regulaciones ambientales. Esto se lograría debido a que las nuevas regulaciones pueden llevar a las firmas a generar innovaciones para reducir su impacto ambiental y así permitirían reducir progresivamente el costo de producir con menos emisiones. Por ello, la hipótesis de Porter postula que los gobiernos que más tempranamente imponen determinados requisitos ambientales a sus empresas pueden estar contribuyendo a generar innovaciones y ventajas competitivas dinámicas, en particular, en los sectores de tecnologías ambientales.

Si bien la validez general o más bien excepcional de la hipótesis de Porter sigue en duda (ver Wagner, 2003 para una revisión de estudios teóricos y empíricos relacionados con dicha hipótesis), es de notar que esta visión aporta varios elementos de interés a considerar desde la perspectiva de los países en desarrollo.

En este sentido, la discusión conceptual ofrecida en López (1996) destaca que los efectos competitivos positivos de la regulación ambiental (postulados en la hipótesis de Porter) no serían "automáticos" para todas las firmas. De hecho, se requiere un mínimo de capacidades tecnológicas en las firmas para que dichos efectos dinámicos positivos puedan operar (es decir, para responder "proactivamente" a las nuevas regulaciones ambientales con innovaciones de procesos y productos que las vuelvan más competitivas). Esto sugiere que —de no mediar esfuerzos específicos de política en esta dirección— la hipótesis de Porter podría no ser aplicable a las empresas de países en desarrollo (PED) que mayormente importan equipos y tecnologías para el tratamiento de sus efluentes y residuos.

López (1996) va un paso más allá y destaca que el cambio tecnológico es un elemento crucial para conciliar una mejora en la GA con un mayor desarrollo en los PED. El paradigma vigente del desarrollo sustentable (que propone el avance armonioso del desarrollo en materia económica, social y ambiental) es optimista en cuanto a la posibilidad de avanzar en materia de desarrollo económico sin comprometer la calidad ambiental y las dotaciones de recursos naturales en el proceso. Sin embargo, para que esto sea factible, es importante que las soluciones a los problemas ambientales sean "de bajo costo".

Desde esta perspectiva, López (1996) señala que la estrategia o visión de gestión ambiental promovida desde las políticas públicas no es neutral en sus implicancias competitivas. En este sentido, es relevante distinguir entre el enfoque preventivo (que permite reducir las emisiones durante el proceso productivo y evitar riesgos) y el enfoque reactivo (que se orienta al tratamiento de emisiones y residuos al final del proceso productivo). Mientras que el primer enfoque puede permitir o facilitar una mejora en la GA que sea compatible con una mayor competitividad, en el segundo caso, esto no es tan evidente.

Volviendo por un momento al debate sobre la "hipótesis de Porter" cabría agregar que sus diferentes predicciones en cuanto al vínculo entre GA y competitividad están basadas en diferentes visiones sobre la gestión ambiental privada. En la visión económica tradicional parece priorizarse un enfoque reactivo de GA, mientras que la hipótesis de Porter basa sus predicciones en una concepción de la GA orientada a un enfoque preventivo.

Los enfoques preventivos han ganado creciente aceptación por parte de iniciativas empresarias y también de políticas públicas orientadas a la "eco eficiencia" o la "producción limpia". Existen varios ejemplos en los países del Mercosur: la política chilena de producción limpia iniciada en los años 90, el caso de la mesa redonda de producción limpia en Sao Paulo (Brasil) y los acuerdos de producción limpia iniciados a fin de esa década en la Argentina, en algunos casos con activa participación de las autoridades provinciales (por ej. en Tucumán y en Mendoza). Para una discusión regional más amplia, se recomienda consultar la revisión ofrecida en Leal (2005).

El enfoque preventivo de la GA presenta varias características de interés. En primer lugar, y tal como se mencionó anteriormente, puede contribuir en gran medida a lograr un vínculo positivo entre competitividad y ambiente ya que se orienta a aprovechar opciones de mejora en la GA de bajo costo. En segundo lugar, y dado su énfasis en evitar la generación de contaminantes (y por ello en reducir la necesidad de tratamiento al final del proceso), también resulta en línea con consideraciones económicas de tipo costo-beneficio. Por último, es de notar que el enfoque preventivo está en sintonía con el paradigma actual de debate y diseño de políticas industriales y tecnológicas orientado al desarrollo de cadenas productivas. La integración vertical y horizontal o el aprovechamiento de subproductos en otros sectores implica no sólo agregar más valor y generar más empleo sino también generar menos subproductos no deseados (esto es, menos residuos y efluentes).

Vale la pena citar algunos ejemplos que apuntan en esta dirección. En primer lugar, la extensión de la cadena productiva del sector lácteo (tradicionalmente involucrando la producción de leche y la fase industrial de obtención de productos lácteos), para incorporar un eslabón adicional de procesamiento del suero (y la obtención de aditivos para alimentos), permitiendo la eliminación de un componente importante de la contaminación por efluentes líquidos del sector. En segundo lugar, cabe mencionar el aprovechamiento energético de residuos agrícolas o forestales. Por ejemplo, el uso del bagazo de caña de azúcar para generar energía en los propios ingenios azucareros, el aprovechamiento de cáscaras de maní y girasol como materia prima energética en plantas procesadoras de alimentos, o el aprovechamiento energético del aserrín y otros residuos forestales en calderas de la propia industria foresto-industrial o en otros sectores. Es de notar que estos proyectos energéticos que han permitido el reemplazo de combustibles fósiles, contribuyendo a la seguridad energética, han también sido beneficiados por los nuevos mecanismos de "pago por servicios ambientales globales". En particular, estos proyectos han obtenido en algunos países de la región (en menor medida en la Argentina, pero con mayor escala en Brasil y en Chile), (China e India) créditos por la reducción de emisiones de gases de efecto invernadero en el marco del Mecanismo para un Desarrollo más Limpio (MDL) del Protocolo de Kyoto. Este mecanismo otorga un "premio" por la incorporación de tecnologías menos intensivas en gases de efecto invernadero. En tercer lugar, podría citarse la extensión de la cadena productiva soja-aceite para obtener biodiesel y glicerol, o bien la cadena maíz-productos proteicos para obtener bioetanol.

Sin negar que la adición de nuevos "eslabones" podría plantear nuevos desafíos ambientales (por ejemplo, en vista del debate sobre el impacto neto de los biocombustibles), parece evidente que el interés en aprovechar la sinergia involucrada en estos nuevos desarrollos es competencia de un área de política con límites difusos. En otras palabras, conciernen tanto las capacidades de evaluación y política ambiental, como el desarrollo de nuevas competencias en materia tecnológica y de nuevos enfoques de políticas productivas.

En vista de la discusión anterior, uno podría preguntarse hasta qué punto se aprovecha esta posible sinergia en las políticas ambientales, tecnológicas y de integración productiva.

Lamentablemente, el aprovechamiento de estas oportunidades no es un objetivo de política en la región. Su implementación es muy difícil dada la tradicional división en áreas estancas de política (ambiental, tecnológica y productiva) que además han adquirido escaso peso en el Mercosur. Desde la perspectiva nacional, también es difícil que surjan requerimientos para avanzar en este sentido a escala regional dado que en las políticas nacionales y locales no suelen reconocerse las ventajas de este enfoque.

Esto se refleja en la pérdida de oportunidades observada en el Mercosur para la integración de enfoques preventivos de la gestión ambiental en el marco de la iniciativa Mercosur de Foros de Competitividad sectoriales. La Declaración de Principios de Producción Limpia realizada por los Ministros de Medio ambiente del Mercosur en octubre de 2003 incluyó la recomendación de introducir el principio de desarrollo sustentable en el Programa de Foros de Competitividad del Mercosur creado en 2002 y destacó el interés de tomar en cuenta las ventajas de un enfoque preventivo en materia ambiental. Luego de un largo proceso de consulta y de esfuerzos a escala nacional y regional, el resultado en abril de 2007 fue una propuesta de resolución que elevó el Subgrupo de Trabajo N° 6 —sobre Medioambiente— al Grupo Mercado Común sobre una Política de Promoción y Cooperación en Materia de Producción y Consumo Sostenible en el Mercosur, esta propuesta ofrece un marco para incorporar la temática a nivel regional pero no presenta iniciativas concretas integración con políticas productivas o tecnológicas.

Este escaso aprovechamiento de oportunidades refleja en parte la propia debilidad institucional del Mercosur en áreas no comerciales en general (por ejemplo, en materia productiva y tecnológica) y en el área ambiental en particular. Por otra parte, la dificultad para avanzar en la integración de aspectos ambientales en las políticas productivas y tecnológicas puede explicarse por una percepción (que podría considerarse errónea) de antagonismo entre objetivos ambientales y de desarrollo productivo tanto desde algunos segmentos del sector privado como desde las áreas públicas vinculadas al desarrollo productivo.

Sin embargo, muchos de los desafíos que enfrenta la región en la actualidad parecen necesitar de un cambio de enfoque hacia la cooperación tecnológica y la consideración de la cuestión ambiental. Además del triste ejemplo del conflicto entre Uruguay y la Argentina por la planta de celulosa de Fray Bentos —donde los grupos técnicos del Mercosur en materia ambiental, tecnológica y productiva no tuvieron participación alguna—, cabe mencionar la necesidad de cooperación para el desarrollo sustentable de los biocombustibles, para la superación de barreras no arancelarias vinculadas a requisitos ambientales en terceros mercados, etc.

En cuanto a este último aspecto, cabe mencionar que suele resultar difícil separar las barreras al comercio basadas en preocupaciones sobre la salud humana y de las plantas y animales de aquéllas originadas en preocupaciones puramente ambientales (es decir, por impactos sobre la vida silvestre y los ecosistemas). Por ejemplo, tal es el caso de las normas referidas a la presencia residual de metales pesados (ej. cromo, plomo, etc.) o de determinadas sustancias químicas peligrosas en los productos finales (tales como alimentos u otros bienes, por ej. productos de madera, cuero, etc.) que crecientemente están estableciendo los países desarrollados. Además, es de notar que diversos trabajos destacan una creciente incidencia de requisitos (barreras al comercio) en los cuales las preocupaciones ambientales y las relativas a los impactos sobre la salud van de la mano. Tales requisitos explicaron una proporción creciente de notificaciones de barreras técnicas en el marco de la OMC entre 1990 y 2000, y afectan a una gama creciente de productos y a una proporción creciente de las exportaciones de los países en desarrollo (UNCTAD, 2004; 2006; Fontagné, von Kirchbach y Mimouni, 2001). Frente a esta tendencia que parece irreversible, se destaca la necesidad de un enfoque "proactivo" de las empresas de países en desarrollo frente a las consideraciones y preocupaciones ambientales (UNCTAD, 2006).

Las próxima sección provee información adicional que sugiere que existen oportunidades y razones para el trabajo conjunto a escala regional en materia ambiental y tecnológica.

Motivaciones y características de la gestión ambiental empresaria en la región

En el caso argentino, la falta de información específica sobre la presión regulatoria y sobre las emisiones a nivel de plantas o empresas hace difícil estimar el impacto directo de los factores regulatorios sobre la *performance* económica y ambiental de las empresas. Es por ello que, en general, diversos estudios han empleado y analizado indicadores indirectos relativos al tipo de actividades de gestión ambiental realizados por las firmas (Chudnovsky, López y Freylejer, 1997). En Chidiak y Gutman (en prensa) se ofrece un análisis de las características de la gestión ambiental empresaria en la industria argentina, y sus motivaciones principales en base a los datos provistos por la Segunda Encuesta de Innovación y Conducta Tecnológica en la Argentina (INDEC, SECYT, CEPAL, 2003). El estudio involucró un análisis econométrico orientado a identificar las variables más relevantes para explicar la profundidad de la gestión ambiental de una empresa, entre ellas, la información sobre sus actividades de innovación. La evidencia de casos disponible anteriormente sugería un vínculo positivo entre actividades de innovación y capacidades (profundidad) de la gestión ambiental empresaria (Chudnovsky y otros, 1996; Chudnovsky, López y Freylejer, 1997). El análisis de los resultados de la segunda encuesta de innovación proveyó evidencia de mayor alcance por cubrir una muestra de 1375 empresas (que respondieron las preguntas sobre las actividades de gestión ambiental desarrolladas, sus motivaciones y los obstáculos enfrentados para un mayor avance en la materia). Además, la encuesta cubrió exhaustivamente diversos aspectos que hacen a la gestión productiva, de calidad y a las actividades asociadas a la innovación y sus resultados. La encuesta cubrió el período 1998-2001 (es decir, mayormente, años de desaceleración del crecimiento económico o bien de crisis). En este marco, se encontró que un 33% del total de empresas de la muestra (1688 empresas que respondieron la encuesta) realizó actividades "reactivas" de gestión ambiental (incorporación de equipos para el tratamiento de efluentes y/o residuos y acciones de remediación). En tanto, un 40% realizó modificaciones de procesos o productos orientados a la producción más limpia (o eco eficiencia, tales como el reciclado, y el aumento de la eficiencia en el uso de agua, insumos y energía). Por último, un 28% de las empresas realizó actividades innovativas de gestión ambiental (obtuvieron una certificación externa de su sistema de gestión ambiental, modificaron insumos, materias primas o procesos productivos para lograr un menor impacto ambiental y/o desarrollaron productos de menor impacto ambiental). Si bien las empresas pudieron realizar más de un tipo de actividades al mismo tiempo, la mayor incidencia de las actividades preventivas puede explicarse por el énfasis en la reducción de costos que acompañó la crisis.

En línea con la tendencia en la literatura empírica reciente que analiza los determinantes y el alcance de la gestión ambiental empresaria (ver por ejemplo, Khanna y Anton, 2003), en Chidiak y Gutman (en prensa) se elaboró un índice de intensidad de esfuerzos de gestión ambiental, donde las actividades vinculadas a la innovación recibieron la mayor ponderación, aquéllas orientadas a la producción más limpia una ponderación intermedia y las medidas reactivas la menor ponderación. Dicho índice fue empleado como variable a explicar en los análisis econométricos para una muestra reducida de 1323 empresas. En general, se encontró que la GA empresaria en la industria argentina se encontraba altamente polarizada. Por un lado, un 38% de la submuestra de 1323 empresas declaró no haber realizado actividades de GA, mientras que por otra parte, un 35% realizó actividades de innovación en su GA y un 21% realizó actividades orientadas a la producción limpia. Sólo un 6%

realizó únicamente actividades reactivas (de tratamiento al final del proceso o de remediación).

En cuanto a las motivaciones principales que las firmas identificaron para sus actividades de GA, la de mayor incidencia fueron las regulaciones ambientales locales (30% de la muestra total), y en segundo lugar en orden de importancia, al interés por mejorar la imagen de la empresa (27% de la muestra total).

La estimación econométrica realizada incluyó un modelo *probit* ordenado que estimó la probabilidad de que una firma haya realizado un determinado nivel de esfuerzo de GA (medido por el índice antes mencionado) como función de una serie de variables explicativas (tamaño medido por valor de ventas, propiedad del capital, actividades de innovación, inversión, exportaciones, etc.). Entre las variables significativas para explicar los esfuerzos de GA cabe destacar la participación del capital extranjero en la empresa, la obtención previa de una certificación de calidad, el logro de una innovación de producto o proceso, y las motivaciones identificadas: cumplir con las regulaciones ambientales y mejorar la imagen empresaria. Por ejemplo, se encontró que la motivación de mejorar la imagen elevaba un 21% la probabilidad de que la firma tuviera un índice de GA superior al promedio, mientras que la motivación cumplir con regulaciones ambientales lo elevaba un 17%. Por su parte, las firmas que habían obtenido una certificación de calidad tenían una probabilidad un 3% superior de ubicarse por encima del promedio y aquellas que hubieran logrado una innovación de producto o proceso tenían una probabilidad 10% superior de ubicarse por encima del promedio. La participación extranjera en el capital elevaba dicha probabilidad en un 5%. Entre las variables no significativas cabe mencionar: la pertenencia a un sector con alto potencial contaminante, el valor de la inversión realizada en el período, el gasto en innovación, el valor de exportaciones.

La evidencia en general confirma los resultados de trabajos anteriores: las firmas de mayor porte, con participación extranjera en el capital y exportadoras suelen tener una GA más desarrollada. También se destaca que las firmas con GA más avanzada son también aquéllas con mejor gestión de calidad y mayores capacidades tecnológicas internas. La preocupación por la imagen parece jugar un rol más importante que la presencia de las regulaciones ambientales a la hora de definir la intensidad de esfuerzos en materia de GA.

Es de notar que se dispone de evidencia brasileña que apunta en la misma dirección. En particular, se sugiere cierta polaridad en materia de GA empresaria y se resalta la importancia de las regulaciones y las consideraciones de imagen empresaria para determinar la magnitud de esfuerzos de GA. En Ferraz y otros (2003) se analizó la GA de un grupo de empresas brasileñas (ubicadas en el estado de Sao Paulo) en función de la intensidad de inversión en GA como proporción sobre el total invertido. En base a una muestra de 387 empresas se encontró que la mitad de las firmas invierten en GA a causa de las regulaciones ambientales. Sin embargo, la mitad de las empresas de la muestra declaró no haber invertido en GA.

En cuanto a las variables significativas a la hora de explicar la intensidad de esfuerzos (medida como porcentaje de la inversión total destinada a la GA) se identificaron las siguientes: la experiencia previa de inspecciones y sanciones, la visibilidad o preocupación por la imagen (empresas que habían sido identificadas por la prensa con imagen ambiental negativa) y también las presiones de mercado: las firmas que cotizan en bolsas internacionales invierten relativamente más en GA. En cuanto a las variables no significativas cabe notar el tamaño (ventas), y la inversión total.

Es de notar que la situación en materia de GA por parte de empresas industriales y en especial aquellas exportadoras resulta de interés para los dos socios principales del Mercosur desde una perspectiva de su competitividad en mercados externos. Esto se debe a que presentan cierta "vulnerabilidad" frente a requisitos ambientales en mercados de exportación ya que tanto el perfil exportador argentino como el brasileño están fuertemente orientados hacia sectores de alta "sensibilidad ambiental". Este grupo de sectores suele identificarse sobre la base de su intensidad de emisiones, por ejemplo, según el índice elaborado por el Banco Mundial que toma en cuenta para cada rama industrial sus emisiones de un grupo de contaminantes ponderados por su toxicidad. Los sectores considerados sensibles son aquellos con valores del índice superiores al promedio de la industria (Hettige y otros, 1994). En el caso argentino, estos sectores explican desde fines de los años 1980 entre un 55 y un 65% de las exportaciones totales. En el caso brasileño, se verifica también una cierta especialización en sectores con alto potencial contaminante (Togeiro de Almeida y otros, 2004).

En cuanto a las capacidades tecnológicas propias para la GA, según las estadísticas de UNCTAD, los países del MERSOSUR son ampliamente deficitarios en materia de los llamados bienes ambientales —término que suele referirse sobre todo a tecnologías ambientales, equipos e insumos para el tratamiento de residuos y efluentes—. En conjunto el saldo comercial negativo en materia de bienes ambientales de la Argentina, Bolivia, Brasil, Chile, Paraguay, y Uruguay fue de 3.540 millones de dólares en el año 2000 (y de 4.840 millones de dólares si agregamos a Venezuela). Sin embargo, la Argentina, Brasil y Chile también poseen ciertas capacidades propias en materia de tecnologías ambientales, ya que exportaron en dicho año bienes ambientales por un total de US$ 2.800 millones (estos países reunieron el 98% de las exportaciones de bienes ambientales del bloque) con coeficientes de exportación sobre importación que varió del 50% en el caso de Brasil, un 43% en Chile y 30% en la Argentina (UNCTAD, 2003; 2004).

En suma, la información presentada anteriormente confirma la relevancia de políticas "integradas" relativas a cuestiones productivas, tecnológicas y ambientales. Asimismo, se destaca que las capacidades de gestión productiva y de calidad y en materia tecnológica juegan un rol clave para una buena GA a nivel de la firma.

Por otro lado, la evidencia disponible sugiere algunos rasgos similares en materia de GA empresaria en Brasil y la Argentina, reforzando el interés de la cooperación en el diseño de enfoques integrados. Sin embargo, dada la variedad de respuestas y en vista de la polaridad en materia de GA a de firmas (de diferente tamaño, sector, propiedad del capital, etc.), será necesario diferenciar los enfoques de política según las características de la empresa. Esto requiere profundizar el análisis y la comprensión de estos fenómenos, sin negar el interés de incorporar esta temática a la agenda de políticas.

Reflexiones finales

La discusión anterior sugiere el interés de explorar una agenda de cooperación tecnológica orientada a la competitividad y el desarrollo sustentable en el Mercosur. Asimismo, varios de los ejemplos y oportunidades mencionadas anteriormente parecen señalar que existen numerosos ámbitos con potencial para la cooperación en el Mercosur en materia de políticas productivas y tecnológicas orientadas a mejorar la GA.

Más concretamente, en varios ámbitos podría aprovecharse la experiencia individual o conjunta de los países de la región. En primer lugar, el aprovechamiento de nuevas fuentes de financiamiento y la adquisición de tecnologías más sustentables a través del MDL (en especial en materia energética). En segundo lugar, el análisis de potenciales ventajas competitivas (reducción de costos) y ambientales de la incorporación de enfoques preventivos (producción limpia o eco eficiencia) y su aplicación a escala regional. En tercer lugar, el desarrollo de *joint ventures* para el desarrollo regional y la eventual exportación de tecnologías limpias (por ejemplo, aprovechando la experiencia brasileña con el desarrollo del etanol y de los autos *flexi fuel* y los desarrollos realizados en la Argentina en materia de biodiesel). En cuarto lugar, la cooperación para la superación de barreras ambientales al comercio en terceros mercados y para la difusión regional de tecnologías más limpias (por ejemplo, a través de los foros de competitividad del Mercosur) en especial en los sectores "ambientalmente sensibles" (tales como las refinerías de petróleo, la industria química y petroquímica, los sectores siderúrgico y de aluminio, la industria de celulosa y papel, y las curtiembres).

Referencias

Chidiak, M. y V.Gutman (en prensa): Características y Motivaciones de la GA en la Industria Argentina: Resultados de la Segunda Encuesta de Innovación y Conducta Tecnológica, documento CEPAL Buenos Aires

Chidiak, M. y R.Martinez (en prensa): Comercio Internacional, Inversión Extranjera y Desarrollo Sustentable: la evidencia del caso argentino, documento CEPAL Buenos Aires

Chudnovsky, D., A.López y V.Freylejer (1997): "La prevención de la contaminación en la GA de la industria argentina", CENIT, DT N° 24, Buenos Aires. Disponible en http://www.fund-cenit.org. ar/Descargas /dt24.pdf

Chudnovsky, D., F.Porta, A.López y M.Chidiak (1996): *Los límites de la apertura: Liberalización, reestructuración productiva y medio ambiente*, ALIANZA/CENIT, Buenos Aires

Ferraz, C., A.Peterson Zwane, R.Seroa da Motta y T. Panayotou (2003): How do Firms Make Environmental Investment Decisions? Evidence from Brazil, mimeo, CID, Harvard University

Fontagné, L., F.von Kirchbach y M.Mimouni (2001): *A First Assessment of Environment-Related Trade Barriers*, CEPII-ITC, Paris

Hettige, H., P.Martin, M.Singh y D.Wheeler (1994): *IPPS – The Industrial Pollution Projection System*, World Bank, Policy Research Working Paper 1431, Washington

INDEC, SeCyT y CEPAL (2003): Segunda Encuesta Nacional de Innovación y Conducta Tecnológica de las Empresas Argentinas. 1998-2001, Instituto Nacional de Estadística y Censos, Secretaría de Ciencia y Técnica e Innovación Productiva y Comisión Económica para América Latina, Oficina en Buenos Aires, informe publicado por INDEC, Buenos Aires

Khanna, M. y W.R.Q.Anton (2002): "Corporate Environmental Management: Regulatory and Market-Based Incentives", *Land Economics*, 78(4), pp.539-558

Leal, J. (2005): "Ecoeficiencia: marco de análisis, indicadores y experiencias", CEPAL, Serie Medio Ambiente y Desarrollo no.105, Santiago de Chile

López, A. (1996): "Competitividad, innovación y desarrollo sustentable: una discusión conceptual", CENIT, DT 22, noviembre 1996. Disponible en http://www.fund-cenit.org.ar/Descargas/dt22.pdf

Palmer, K., W.Oates y P.Portney (1994): "Tightening environmental standards: the Benedit-cost or the no-cost paradigm?", *Journal of Economic Perspectives*, vol.9, no.4

Porter, M. y C.van der Linde (1994): "Toward a new conception of the environment-competitiveness relationship", *Journal of Economic Perspectives*, vol.9, no.4

Togeiro de Almeida, L., M.Ferreira Presser y S.de Mattos Ansanelli (2004): "Trade, Environment and Development: The Brazilian Experience", *Working Group on Development and Environment in the Americas, Discussion Paper DP01*. Disponible en http://ase.tufts.edu/gdae/Pubs/rp/DP01TogeiroJuly04.pdf

UNCTAD (2006): Trade and Environment Report 2006, Geneva

UNCTAD (2004): Environmental Requirements and Market Access for Developing Countries, UNCTAD, Documento TD/(XI)/BP/1

UNCTAD (2003): *Environmental Goods: Trade Statistics of Developing Countries*, Doc. TD/B/COM.1/EM.21/CRP.1, Ginebra

Wagner, M. (2003): The Porter Hypothesis Revisited: A Literature Review of Theoretical Models and Empirical Tests, Working Paper, Center for Sustainability Management, University of Lüneburg. Disponible en http://129.3.20.41/eps/pe/papers/0407/0407014.pdf

Anexo

Fuentes analizadas para el capítulo II

Brasil

Abreu Campanário, M.; Souza Rangel, A; Da Silva, M. y Ribeiro Costa, T. (2005): *Balanço dos resultados do processo de abertura e estabilização sobre o setor industrial, ALTEC,* Brasil.

Adam, D. (2003): Brazilian Science: under new management, *Nature* 423. http://www.nature.com/

Bastos, M., (1993). *The constitution of a SyT system in Brazil,* UNUrINTECH, Maastricht, mimeo.

Baumann, R. (Org.) (1999): *Brasil – Uma Década de Transição,* Campus, Rio de Janeiro, 1999. 332p.

Bonelli, R. (1997): "Política industrial en Brasil: intención y resultados", in: Peres, W. editor, *Políticas de competitividad industrial: América Latina y el Caribe en los años noventa,* Siglo Veintiuno Editores, Mexico, D.F.

Bonelli, R. (2000): "Brazil: The Challenge of Improving Export Performance", in: Macario, C. *et al.,* editors, *Export Growth in Latin America: Policies and Performance,* Boulder, Lynne Rienner Publishers, United States

Cassiolato, J. E. y Lastres, H. M., (1997): "Innovación y competitividad en la industria brasileña de los años noventa", en *Innovación y Desarrollo en América Latina,* Sutz, J. Ed., CLACSO, AECI y Nueva. SOCIEDAD, Venezuela.

Cassiolato, J., (1992). "The user–producer connection in hi-tech: a case study of banking automation in Brazil". In: Schmitz, H., Cassiolato, J. Eds. , *Hi-Tech for Industrial Development: Lessons from the Brazilian Experience in Electronics and Automation.* Routledge, London.

CNPq/Assessoria de Estatísticas e Informação (2005): Estatísticas e Indicadores da Pesquisa no Brasil segundo Grandes Áreas do Conhecimento 2000-2004, Brasil.

Colares, G.; Roberto, C., Motta de Oliveira Barros, H. (1999): Indicadores de CyT no Brasil: situação atual e perspectivas, *IV TALLER IBEROAMERICANO/ INTERAMERICANO DE INDICADORES DE CyT*, CONACYT, México.

Coutinho, L.G. (2003): "Macroeconomic Regimes and Business Strategies: an alternative industrial policy for Brazil in the wake of the 21st Century" en Cassiolato, J. E., Lastres, H.M.M. and Maciel, M.L. (eds) *Systems of Innovation and Development,* Elgar, Cheltenham,.

Cruz, C. H. (1999): "A universidade, a empresa e a pesquisa que o país precisa", *Revista Humanidades* N° 45, Brasilia.

Dahlman, C.J. y Frischtak, C.R., (1990): National systems supporting technical advance in industry: the Brazilian experience, Working Paper, Industry and Energy Department, The World Bank, *Industry Series Paper* No. 32, Washington DC.

Elias, L. A. (2003): Sistema nacional de innovación y vinculación sector público-privado: caso de Brasil, *Reunión regional ompi-cepal de expertos sobre el sistema nacional de innovación: propiedad intelectual, universidad y empresa,* Chile.

FAPESP (2001): "Indicadores de Ciência, Tecnologia e Inovação em São Paulo." http://www2.fapesp.br/indct/indica.htm

Fonseca, R.; Carvalho Jr, M. C. y Pourchet, H. (1998): *A orientação externa da indústria de transformação brasileira após a liberalização comercial,* IPEA, Rio de Janeiro.

Frischtak, C.R., (1991): Banking automation and productivity change: the Brazilian experience, Working Paper, Industry and Energy Department, The World Bank, *Industry Series Paper* No. 46, Washington, DC.

Furtado, C. (1992): *Brasil: a construção interrompida,* Paz e Terra, São Paulo.

Invernizzi, N (2003): Ciencia y tecnología en transición. La herencia de la política científica y tecnológica del gobierno Cardoso y los desafíos del nuevo gobierno brasileño, *Revista THEOMAI, Estudios sobre Sociedad, Naturaleza y Desarrollo.*

Lemos, C. (1996): Redes para inovação: estudo de caso de rede regional no Brasil, Dissertação de Mestrado, COPPE/UFRJ, Rio de Janeiro.

Mani, S. (2001): "Government, Innovation and Technology Policy. An analisys of the Brazilian Experience during the 1990s", *INTECH/UNU Discussion Paper Series* N° 2001-11, Maastricht.

Marcovitch, Jaques y Silber, Simão (1996): Inovação tecnológica, competitividade e comércio internacional, mimeo, Reunión Preparatoria de la Reunión Hemisférica de Ministros de Ciencia y Tecnología, OEA, Washington.

Matesco, V. (1993): Innovação tecnologica nas empresas brasileiras: a diferenciação competitiva e a motivação para innovar, IEIrUFRJ, PhD thesis.

Matesco, V. (1994): Esforção Tecnologico das Empresas Brasileiras, *Texto para Discussao*, IPEA, Brasilia. ˜

MCT (2003): *Orientações Estratégicas do Ministério da Ciência e Tecnología para o período 2004-2007, Proposta para Discussão.* Brasilia,. http://www.mct.gov.br/ sobre/ppa/Default.htm

Moreira, M. (1999): A indústria brasileira nos anos 90: o que já se pode dizer, in Giambiagi, F.; Moreira, M. M. *A economia brasileira nos anos 90*, BNDES, Rio de Janeiro.

Pires Ferreira, S. (2000): *Pesquisas e Indicadores de Inovação no Brasil: Situação atual e perspectivas*, Ministério da Ciência e Tecnologia de Brasil, Brasil.

Pires Ferreira, S.; Baumgratz Viotti, R., Maria Gleibe de Oliveir, G. (2001): Brasil: Recursos Humanos em Atividades de CyT (RHCT): fontes de informação; metodologia e resultados para o caso brasileiro, *V Taller Iberoamericano e Interamericano de Indicadores de Ciencia y Tecnologia*, Brasil.

Rossi, JR, y Ferreira, P. C. (1999): *Evolução da produtividade industrial brasileira e abertura comercial*, Texto para Discussão 65, IPEA, Rio de Janeiro.

Salles, S. (coord.). (2000): *Ciência, tecnologia e inovação. A reorganização da pesquisa pública no Brasil*, Komedi, Campinas.

Schwartzman, S. et al. (1993): *Science and technology in Brazil: a new policy for a global world*,. http://www.schwartzman.org.br/simon/ scipol/newpol.htm#_1_10

Vaitsos, C., (1990): *The needs and possibilities for cooperation between selected advanced developing countries and the community in the field of science and technology. Country Report on Brazil.* MONITOR-SAST Activity, Commission of the European Communities, Brussels.

Velho, L. y Saenz, T. (2002): *RyD in the public and Private Sector in Brazil: complements or substitutes?*, INTECH/UNU *Discussion Paper Series*, Maastrich.

Zanatta, M. (2004): Fundamentos tecnológicos da política industrial brasileira na década de 90, in: *Simpósio de gestão da inovação tecnológica*, 23, PGT-USP, CD-ROM, São Paulo.

Zancan, G. (2002): *Financiamento da ciência e da tecnologia no Brasil, Conferência, Seminario Política de Ciência e Tecnología do MCT e a Universidade Brasileira*. Curitiba, Brasil.

Uruguay

Arocena, R. y Bortagaray, I. (1996): *Competitividad: ¿Hacia dónde puede ir el Uruguay? Primera etapa de un ejercicio colectivo de prospectiva "tipo Delfos"*, CIESU- Trilce, Montevideo.

Arocena, R. y Sutz, J. (1998): *La innovación y las políticas en ciencia y tecnología para el Uruguay,* Trilce, Montevideo.

Arocena, R. y Sutz, J. (1999): Uruguay: El sistema nacional de innovación de un pequeño país periférico, en *Ciencia, Tecnología e Innovación en América Latina*, Bellavista, J. y Renobell, V. (coords), Universidad de Barcelona, Barcelona.

Barbeito, L. (1996): Situación de la ciencia y tecnología en el Uruguay: impacto del Programa CONICYT-BID sobre las ciencias básicas y tecnologías relacionadas y bases para el desarrollo del Sistema Nacional de Ciencia y Tecnología, CONICYT, Montevideo, mimeo.

Bértola, L.; Bianchi, C.; Darscht, P.; Davyt, A.; Pittaluga, L., Reig, N.; Román, C., Snoeck, M., Willebald, H. (2005) *Ciencia, tecnología e innovación en Uruguay: diagnóstico, prospectiva y políticas*, Universidad de la República, Documento de Trabajo del Rectorado Nº 25, Uruguay.

Bianchi, C. (2004): Medición de capacidades de innovación en la industria manufacturera uruguaya, *VI Taller de Indicadores de Ciencia y Tecnología*- RICYT, Buenos Aires.

Bianchi, C. y Espíndola, F. (2002): *Estudio sobre el impacto de los Programas de Calidad en el Uruguay*, Comité Consultivo sobre Calidad, Productividad y Nuevas Tecnologías, CIU, MIEM, PIT-CNT.

Bittencourt, G. (2003): Escenarios para la economía uruguaya en las próximas dos décadas: una aproximación, Documento de Trabajo N° 16/03, Departamento de Economía, Facultad de Ciencias Sociales, UDELAR, Montevideo. http://www.decon.edu.uy/~gus/uru2020dt 16-03 ¿gb.PDF

Bittencourt, G. y Domingo R. (2001): El caso uruguayo, en Chudnovsky, D. (coord.), *El boom de inversión extranjera directa en el Mercosur*, Siglo XXI, Buenos Aires.

Bittencourt, G. y Domingo, R. (2004): Efectos de derrame de las empresas transnacionales en la industria manufacturera uruguaya (1990-2000*)*, versión preliminar, Departamento de Economía, Facultad de Ciencias Sociales, UDELAR, Montevideo.

DINACYT (2002-a): Uruguay en la encrucijada, Visión para la ciencia, la tecnología y la innovación. Una estrategia para construir el futuro, MEC, mimeo. http://www.recyt.org/documentos/arquivos/1159.PDF

DINACYT (2003): *El proceso de innovación de la industria uruguaya. Resultados de la encuesta de actividades de innovación (1998-2000)*, DINACYT-INE-PDT/MEC, Montevideo. hftp://ftp.dinacyt.gub.uy/INTERNET2a.pdf

Hein, P.; Mujica, A. y Peluffo, A. (1996): *Universidad de la República-Sector Productivo: análisis de una relación compleja*, CIESU-Trilce, Montevideo.

Informe Especial (1996): Una aproximación primaria al Sistema Nacional de Innovación de Uruguay, CIESU-Trilce, Proyecto: Competitividad Sistémica e Innovación en el Uruguay, CIESU, Montevideo.

Iturra, C. y Pittaluga, L. (1998): Uruguay. Informe Nacional. Políticas de ciencias, tecnología e innovación en el Mercosur, OEA/CIDI, mimeo, Montevideo.

Lescano, G. y Stolovich, L. (2004): *La industria uruguaya de tecnologías de la información tras la crisis. Resultados de la encuesta anual de CUTI*, Cámara Uruguaya de Tecnologías de la Información (CUTI), Programa de Apoyo al Sector Software (PASS), BID/FOMIN, Montevideo.

Ligrone, A. (s.f.): Situación y perspectivas del sector forestal: desafíos para el Uruguay, mimeo, DirecciónForestal-MGAP, Montevideo.

Llambí, C. y Pittaluga, L. (2004): La innovación tecnológica en la industria manufacturera uruguaya, Instituto de Economía, Facultad de Ciencias Económicas y de Administración, UDELAR, mimeo, Montevideo.

Macadar, L. (1994): Estudios nacionales sobre promoción y fomento de la innovación tecnológica desincorporada en la industria manufacturera. El caso uruguayo, COMISEC, mimeo, Montevideo.

Ministerio de Educación y Cultura, (2003) Programa de Desarrollo Tecnológico, DINACYT, Uruguay.

Ministerio de Industrias, Energía y Minería (MIEM) (1999): Agendas para la competitividad, editado en CDRom, Montevideo.

Ministerio de Industrias, Energía y Minería (MIEM) (2004): Sectores dinámicos en Uruguay, Dirección Nacional de Industrias, MIEM, mimeo, Montevideo.

Rafael Guargua, F. (2003): Mecanismos institucionales de vinculación universidad — sector productivo: la experiencia de la universidad de la república (Uruguay), Reunión regional ompi-cepal de expertos sobre el Sistema Nacional de Innovación: propiedad intelectual, universidad y empresa, Chile.

Ricardo, P. (2004): Gestión del conocimiento, innovación y productividad. Exploración del caso de la industria manufacturera uruguaya, Tesis de Doctorado, Programa de doctorado sobre la Sociedad de la Información y el Conocimiento, Internet Interdisciplinary Institute (IN3): http://www.uoc.edu/in3/esp/index.htm

Rozenwurcel, G. (2004): *La innovación como fuente de crecimiento económico: una opción posible para el Uruguay*, Banco Mundial, Washington.

Snoeck, M., Sutz, J. y Vigorito, A. (1992): *Tecnología y Transformación. La industria electrónica uruguaya como punto de apoyo*, Trilce, Montevideo.

Stolovich, L. (2003): Qué indican los datos de la industria uruguaya de tecnologías de la información, Estudio realizado en el marco del PASS - BID/FOMIN, mimeo, Montevideo.

Sutz J. (1998): La caracterización del Sistema Nacional de Innovación en el Uruguay: enfoques constructivos, Nota Técnica Núm. 19, Instituto de Economia, Universidad Federal de Río de Janeiro (IE/UFRJ). http://www.ie.ufrj.br/redesist/P1/texto/NT19.PDF

Vigorito, A. (1995): Estudios de competitividad en Uruguay: ¿Está presente la tecnología?, Comentario y reseña de publicaciones recientes, Documento de Trabajo Montevideo.

Argentina
Ablin, Eduardo et al (1985): *Internacionalización de empresas y tecnología de origen argentino*, CEPAL-EUDEBA, Buenos Aires.

Albornoz, M.; Luchilo, L.; Arber, G.; Barrerer, R.; y Raffo, J. (2002): El talento que se pierde. Aproximación al estudio de la emigración de profesionales, investigadores y tecnólogos argentinos, *Documento de Trabajo N° 4*, Centro REDES, www.centroredes.org.ar.

Arza, V., (2004): Technological performance, economic performance and behaviour: a study of Argentinean firms during the 1990s; *Innovation: Management, policy y practice*, Queensland, Australia. http://www.innovation-enterprise.com/.

Aspiazu, Daniel; Vispo, Adolfo y Fuchs, Mariana (1993): La inversión en la industria argentina. El comportamiento heterogéneo de las principales empresas en una etapa de incertidumbre macroeconómica (1983-1988), CEPAL, Doc. de trab. N°. 49, Buenos Aires.

Bisang, Roberto (1994): *Industrialización e incorporación del progreso técnico en la Argentina*, CEPAL, Buenos Aires.

Bisang R. y Lugones, G. (1998): *La conducta tecnológica de las empresas industriales argentinas en el período 1992-1996*, INDEC-SECYT, Buenos Aires.

Bisang, R. y Sztulwark, S. (2001): *Las actividades de la ciencia y tecnología en las universidades argentinas,* Universidad Nacional de General Sarmiento, San Miguel.

Bisang, R.; Lugones, G. y Yoguel, G., (comp.) (2002): *Apertura e innovación en la Argentina. Para desconcertar a Vernon, Schumpeter y Freeman*, Miño y Dávila Ediciones, Argentina.

Bisang, Roberto y Malet, Nuria (1997): El sistema nacional de innovación de la Argentina, Universidad de Gral. Sarmiento, mimeo, San Miguel.

Bisang, Roberto; Bonvecchi. Carlos; Kosakoff, Bernardo y Ramos, Adrián (1996): La transformación industrial en los 90. Un proceso con final abierto, *Desarrollo Económico*, número especial, Vol. 36.

Borda, M.; Cassanello, C.; Terneus, A. y Marchoff, C. (2001): Un análisis de la evolución de los instrumentos de política para la promoción de la innovación, en el marco de los Programas de Modernización I y II, *IX Seminario Asociación Latino-Iberoamericano de Gestión Tecnológica (ALTEC)*, San José de Costa Rica.

CEPAL, SECYT e INDEC (2003): *Segunda encuesta nacional de innovación y conducta tecnológica de las empresas argentinas*, INDEC, la Argentina.

Correa, Carlos María (1989): Propiedad intelectual, innovación tecnológica y comercio internacional, *Comercio Exterior*, Vol.39, N° 12: 1059-1082.

Chudnovsky, D. (1999): Políticas de ciencia y tecnología y el sistema nacional de innovación en la Argentina, *Revista de la CEPAL* N° 67, Santiago de Chile.

Chudnovsky, D. y López, A. (1996): Política tecnológica en la Argentina: ¿hay algo más que *laissez faire?"*, *REDES*, Vol. 3, N° 6, la Argentina.

Chudnovsky, Daniel (coord) (1997): *Los límites de la apertura. Liberalización, reestructuración productiva y medio ambiente*, CENIT/

Alianza, Buenos Aires.

Chudnovsky, Daniel y López, Andrés (1995): *Promoción y fomento de la innovación tecnológica desincorporada en la industria manufacturera. El caso argentino*, CENIT, Buenos Aires

Dorfman, Adolfo (1993): Tecnología e innovaciones tecnológicas - Algunas acotaciones, en *Realidad Económica* 116, Instituto Argentino para el Desarrollo Económico, Buenos Aires.

FONTAR (1999): *la Argentina en transformación. Sí se puede: 95 casos de investigación, desarrollo tecnológico e innovación*, ANPCYT, Buenos Aires

FUNDES (2003): *Casos exitosos de aprovechamiento de los instrumentos de promoción científicotecnológica para las Pyme exportadoras argentinas*, FUNDES, la Argentina. (mimeo).

Gatto, Francisco (1990): Cambio tecnológico neofordista y reorganización productiva. Primeras reflexiones sobre sus implicaciones territoriales, en Alburquerque Llorens, Francisco et al (eds.): *Revolución tecnológica y reestructuración productiva: impactos y desafíos territoriales*, Grupo Editor Latinoamericano, Buenos Aires.

Kantis, H; Ventura, J.P.; Gatto, F. (2001): *Emergencia y desarrollo de nuevas empresas dinámicas en la Argentina*, Buenos Aires (en prensa).

Kasumovic, A.; Kramer, F., Langner, C.; Lenze, O.; Olk, C. y Tamm, A. (2000): *El desarrollo de las capacidades tecnológicas en la Argentina: El papel del software y de los servicios informáticos*, Instituto Alemán de Desarrollo (IADE), cooperación con Instituto de Estudios Sociales de la Ciencia y la Tecnología (IEC), Secretaría para la Tecnología, la Ciencia y la Innovación Productiva (SETCIP), Buenos Aires.

Katz, J. y Bercovich, N. A., (1993): National systems of innovation supporting technical advance in industry: the case of Argentina, en Nelson Ed. , *National Innovation Systems: A Comparative Analysis*. Oxford Univ. Press, pp. 451–475.

Katz, Jorge y Ablin, Eduardo (1985): De la industria incipiente a la exportación de tecnología: la experiencia argentina en la venta internacional de plantas industriales y obras de ingeniería, en Ablin, Eduardo et al: *Internacionalización de empresas y tecnología de origen argentino*, EUDEBA, Buenos Aires.

Katz, Jorge y Bercovich, Nestor (1993): National Systems of Innovation Supporting Technical Advance in Industry: The Case of Argentina, en Nelson, Richard (ed.) *National Innovation System - A Comparative Analysis*, Oxford University Press, Nueva York.

Katz, Jorge y Kosacoff, Bernardo (1989): *El proceso de industrialización en la Argentina: evolución, retroceso y prospectiva*, CEAL-CEPAL, Buenos Aires.

Katz, Jorge; Gutkowski, Mirta; Rodríguez, Mario y Goity, Gregorio (1978): *Productividad, tecnología y esfuerzos locales de investigación y desarrollo*, CEPAL, Buenos Aires.

Kosacoff, B. (ed) (2000): *El desempeño industrial argentino. Más allá de la sustitución de importaciones*, CEPAL, Argentina.

Kosacoff, Bernardo (1995): La industria argentina, un proceso de reestructuración desarticulada, en Bustos, Pablo (comp): *Más allá de la estabilidad. la Argentina en la época de la globalización y la regionalización*, Fundación Friedrich Ebert, Buenos Aires.

Kosacoff, Bernardo (1996): La industria argentina, de la sustitución de importaciones a la convertibilidad, en Katz, Jorge (ed): *Estabilización microeconómica, reforma estructural y comportamiento industrial. Estructura y funcionamiento del sector manufacturero latinoamericano en los años 90*, CEPAL-IDRC-Alianza, Buenos Aires.

Kosakoff, Bernardo (1996): Estrategias empresariales en la transformación industrial argentina, CEPAL, *Doc. de trab.* N°. 67, Buenos Aires.

Lugones, G. y Peirano, F. (2003): Segunda Encuesta Argentina de Innovación (98/01). Resultados e Implicancias Metodológicas, *X Seminario Latino-Iberoamericano de Gestión Tecnológica (ALTEC)*, Ciudad de México.

Neffa, Julio C. (1990): El impacto de las nuevas tecnologías de información en las empresas y organizaciones argentinas, en Alburquerque Llorens, Francisco et al (eds.): *Revolución tecnológica y reestructuración productiva: impactos y desafíos territoriales*, Grupo Editor Latinoamericano, Buenos Aires.

Nochteff, H. (1994): Patrones de crecimiento y políticas tecnológicas en el siglo XX, *Ciclos*, Año IV, Vol IV, N° 6.

Nun, J. (1995): la Argentina: el estado y las actividades científicas y tecnológicas, *REDES* Vol. 2, N° 3, la Argentina.

Pablo H. Sierra (2002): Políticas para la Consolidación de los Sistemas Locales de Innovación en la Argentina, *Revista Iberoamericana de Ciencia, Tecnología, Sociedad e Innovación*, N° 4, OEI.

Plan Plurianual de Ciencia y Tecnología, (1997) 1998-2000 y (1998) 1999 2001, Secretaría de Ciencia y Tecnología.

Terneus Escudero, A.; Borda, M. y Marschoff, C. M. (2002): ¿Existe un Sistema Nacional de Innovacion en la Argentina? *Revista Iberoamericana de Ciencia, Tecnología, Sociedad e Innovación*, N° 4, OEI.

Thomas, Hernán (1995): *Sur-Desarrollo, acerca de la producción de tecnología en países subdesarrollados*, Centro Editor de América Latina, Buenos Aires.

Yoguel, G.; Lugones, M. y Sztulwark, S. (2003): La política científica y tecnológica argentina en las últimas décadas: algunas consideraciones desde la perspectiva del desarrollo de procesos de aprendizaje, mimeo.

Estudios regionales

Alcorta, L. y Peres, W. (1998): Innovation systems and technological specialization in Latin America and the Caribbean, *Research Policy*, N° 26, pp. 857-881.

Alcorta, L., (1993): Technology policy in Latin America: issues for the nineties, paper presented at NAR Technology Policy Seminar, UNUrINTECH, Maastricht, The Netherlands.

Alcorta, L., (1995): Flexible automation, scale and scope, and location of production in developing countries, paper presented at the ECLAC-IDRCrUNU-INTECH Conference on Productivity, Technical Change and National Innovation System in Latin America in the 1990s, Marbella.

Alcorta, L., Plonski, G.A., Rimoli, C.A., (1997): *Technological collaboration by Mercosur*, University of Sao Paulo, Sao Paulo.

ALIDE (2003): *Financiamiento para el desarrollo tecnológico de América Latina*, Programa de Estudios Económicos e Información, Asociación Latinoamericana de Instituciones Financieras para el Desarrollo.

Anlló, G. y Peirano, F. (2005): *Una mirada a los sistemas nacionales de innovación en el Mercosur: análisis y reflexiones a partir de los casos de la Argentina y Uruguay*, Oficina de la CEPAL en Buenos Aires, Serie Estudios y perspectivas, Buenos Aires.

Arocena, R. y Sutz, J. (1999): Mirando los Sistemas de Innovación desde el sur., trabajo presentado en .Sistemas Nacionales de Innovación, Dinámica Industrial y Políticas de Innovación, Danish Research Unit on Industrial Dynamics (DRUID), Dinamarca. http://www.campus-oei.org/salactsi/sutzarcena.htm

Arocena, R. y Sutz, J. (2000): Looking at national systems of innovation from the south, *Industry and Innovation*, Vol. 7, N° 1, pp. 55-75.

Arocena, R. y Sutz, J. (2002): Sistemas de Innovación y países en desarrollo, *SUDESCA Research Papers* N° 30, Department of Business Studies, Aalborg University, Aalborg.

Arocena, R. y Sutz, J. (2003): Knowledge, Innovation and Learning: Systems and Policies in the North and in the South, in Cassiolato, J. E., Lastres, H. M. M. and Maciel, M. L. (eds) *Systems of Innovation and Development*, Elgar, Cheltenham.

Arocena, R. y Sutz, J. (2003): *Subdesarrollo e innovación. Navegando contra el viento.* Cambridge University Press, Madrid.

Batista JR., P.N. (1996): O Plano Real à luz da experiência Mexicana e la Argentina, *Estudos Avançados USP*, São Paulo, Vol.10, N° 28, set./dez,.

BID (2001): Sistema de innovación en América Latina, Capítulo 16 del *Informe Anual sobre Progreso Económico y Social* (IPES), BID, Washington.

Cassiolato, J. E. y Lastres, H. M. M. (1999): Inovação, Globalização e as Novas Políticas de Desenvolvimento Industrial e Tecnológico, in Cassiolato e Lastres (eds) *Globalização e Inovação Localizada: experiências de sistemas locais do Mercosur*, IBICT/MCT, Brasília.

Cassiolato, J. E., Lastres, H. M. M. y Maciel, M.L. (2003): (eds) *Systems of Innovation and Developmen*, Elgar, Cheltenham.

CEPAL (1966): Informe del simposio latinoamericano de industrialización, Naciones Unidas, Santiago de Chile.

CEPAL (1991): *El comercio de manufacturas de América Latina: evolución reciente y estructura (1962-1989)*, LC/R, 1056, CEAPL, Santiago de Chile.

CEPAL (1994): *América Latina y el Caribe: Políticas para mejorar la inserción en la economía mundial*, Comisión Económica para América Latina y el Caribe, Naciones Unidas, Santiago de Chile.

Chudnovsky, D. y López, A. (2001): Las políticas de promoción de inversiones extranjeras en el Mercosur, en Chudnosky, D. y Fanelli (eds.), *El desafío de integrarse para crecer. Balance y perspectivas del Mercosur en su primera década*, Red-Mercosur, Siglo XXI, BID, Buenos Aires.

Cimoli, M. y Katz, J. (2002): *Structural reforms, technological gaps and economic development. A Latin American perspective*, CEPAL, Serie Desarrollo Productivo N° 129, Santiago de Chile.

Cimoli, M. y Primi, A. (2004): *El diseño y la implementación de las políticas tecnológicas en América Latina: un (lento) proceso de aprendizaje*, FLACSO-MacMillan (en prensa).

Dahlman, C.J.; Ross-Larson, B. y Westphal, L.E., (1987): Managing technological development: lessons from the newly industrializing countries, World Dev. 15 6 .

Dalum, B., (1992): Export specialization, structural competitiveness and national systems of innovation, in Lundvall Ed. *National Systems of Innovation. Towards a Theory of Innovation and Interactive Learning*, Pinter, London.

Dini, M., Peres, W., (1994): Sistemi di innovazione in America Latina: esperienze locali e sostegno delle istituzioni, *L'In dustria* XV 4.

Ensinck, Alfonso y Salatino, Carlos (1989): *Los impactos de la revolución científico tecnológica en los países de América Latina y el Caribe*, CFI, Buenos Aires.

Fanjzylber, F. (1980): *Industrialización e Internacionalización en la América Latina*, Fondo de Cultura Económico, México.

Fiori, J.L. (1995): A Globalização e a Novíssima Dependência, Texto para Discussão, N° 343, Instituto de Economia da UFRJ, Rio de Janeiro.

Guarga, R. (1999): La investigación científica en las universidades de América Latina : características y oportunidades, en *Universidades: Revista de la UDUAL*, N° 18, p. 13-27.http:// www.madrimasd.org/ informacionIDI/ politicasRegionales/metropolis/documentos/Oslo_ OECD.pdf

Jaffé, W. e Infante, D. (1996): *Oportunidades y desafíos de la biotecnología para la agricultura y agroindustria de América Latina y el Caribe*, ENV-105, S, IICA, San José. http://www.iadb.org/sds/publication/ publication_73_s.htm

Katz, J. (2000): *Pasado y presente del comportamiento tecnológico de América Latina*, CEPAL, Serie Desarrollo Productivo, N° 75, Santiago de Chile.

Katz, J. (2003): Market-Oriented Structural Reforms, Globalization And The Transformation Of Latin American Innovation Systems, *X Seminario Latino-Iberoamericano de Gestión Tecnológica (ALTEC)*, Ciudad de México.

Katz, Jorge (1980): Domestic technology generation in *LDCs*: A review of research findings, CEPAL, Buenos Aires.

Katz, Jorge (1990): La teoría del cambio tecnológico y su adecuación al caso de los países de industrialización tardía, en Albornoz, Mario y Kreimer, Pablo (comp.): *Ciencia y tecnología: estrategias y políticas de largo plazo*, EUDEBA, Buenos Aires.

Katz, Jorge (1996): Régimen de incentivos, marco regulatorio y comportamiento microeconómico, en Katz, Jorge (ed): *Estabilización micro-*

económica, reforma estructural y comportamiento industrial, CEPAL/IDRC-Alianza, Buenos Aires.

Katz, Jorge y colaboradores (1986): *Desarrollo y crisis de la capacidad tecnológica latinoamericana*, Comisión Económica para América Latina y el Caribe, Buenos Aires.

Katz, Jorge y Stumpo, Giovanni (1996): La reestructuración industrial de la Argentina, Brasil, Chile, Colombia y México en el curso de las dos últimas décadas, en Katz, Jorge (ed): *Estabilización microeconómica, reforma estructural y comportamiento industrial. Estructura y funcionamiento del sector manufacturero latinoamericano en los años 90*, CEPAL/IDRC-Alianza, Buenos Aires.

Lall, S. (1999): Competing with labour: Skills and Competitiveness in Developing Countries, Discussion Paper N° 31, Issues in Development, OIT, Ginebra.

Lall, S. y Teubal, M. (1998): Market-stimulating technology policies in developing countries: a framework with examples from East Asia, in *World Development* N° 26, Vol. 8.

Machado, F., (1993): *Institutos de investigación industrial en América Latina: su rol en los años noventa*, Proyecto ALTEC, CEGESTI, San Jose, Costa Rica.

Maxwell, Philip y Teubal, Morris (1980): *Capacity-stretching technical change: Some empirical and theoretical aspects*, CEPAL, Buenos Aires.

Melo, A. (2001): The innovation systems of Latin America and the Caribbean, *Working Paper* N° 460, BID, Washington DC.

Messner, D. (1996): *Latinoamérica hacia la economía mundial: condiciones para el desarrollo de la competitividad sistémica*, Instituto de Paz y Desarrollo, Duisburg.

OCDE (1999): *Managing National Innovation Systems*, OECD, París.

OCDE (2002): *Dynamising National Innovation System*, OECD, París.

Oro, L. y Sebastian, J., (1993): *Los Sistemas de Ciencia y Tecnología en Iberoamerica*, Libros de Fundesco, Madrid.

Peres, W. (1994): Latin America's experience with technology policies: current situation and prospects, *Int. J. Technol, Manage* 9 (2–3).

Peres, W. (1997): *Políticas de Competitividad Industrial. América Latina y el Caribe en los Años Noventa*, Siglo XXI Ed., México.

Pittaluga, L. (2003): Los Sistemas Nacionales de Innovación en economías periféricas: el caso de Uruguay en comparación con otros países de América Latina, documento de trabajo, Instituto de Economía, Facultad de Ciencias Económicas y Administración, UDELAR, mimeo, Montevideo.

RICYT (Red de Indicadores de Ciencia y Tecnología Iberoamericana /Interamericana) (2003): *El estado de la ciencia. Principales indicadores de ciencia v tecnología*, Buenos Aires.

Sagasti, F. (1983-9): La política científica y tecnológica en América Latina: un estudio del enfoque de sistemas, *Jornadas 101*, El Colegio de México, México.

Sagasti, F. y Cook, C., (1987): *La ciencia y tecnología en América Latina durante el decenio de los ochenta*, Comercio Exterior, México.

SELA (1994): La dinámica de especialización y competitividad internacional de los países latinoamericanos: un estudio de largo plazo, Informe final de proyecto, Caracas.

Stiglitz, J. E. (2003): El rumbo de las reformas: hacia una nueva agenda para América Latina", *Revista de la CEPAL*, p. 7-40.

UNCTAD (1993): Country-Case Studies, la Argentina, Brazil, Chile and Venezuela. Ad-hoc Working Group on Interrelationship between Investment and Technology Transfer, Trade and Development Board, TDrBrWG.5rMisc. 7, 8, 10 and 22, Geneva.

Velho, L., Velho, P. y Davyt, A., (1997): La política e instrumentos de vinculación universidad–empresa en los países del Mercosur, Mimeo, UNUrINTECH and University of Campinas.

Waisbluth, M., Testart, E. y Buitelaar, R., (1992): *Cien empresas innovadoras en America Latina*, CYTED-D, Santiago de Chile, Chile.

Weinberg, P. (1999): La formación en América Latina y el Caribe a finales del milenio., en *Boletím Técnico do Senac*, vol. 25, núm. 2, mayo-ago. http://www.senac.br/informativo/BTS/252/boltec252a.htm

Colofón

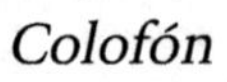